Journal De Voyage: Égypte, Palestine, Syrie, Turquie, Grèce, Italie, Volume 1...

Branca Falcão de Sommer, Fernanda Falcão de Sommer

À Misses Belle & Elizabeth Willard,
avec l'expression de l'agréable
souvenir que nous garderons de
notre réunion au Dolder.
Branca & Fernanda de Sommer

Zürich le 30 Juillet 1908

Journal de Voyage

Premier volume

ÉGYPTE · PALESTINE · SYRIE
TURQUIE · GRÈCE · ITALIE

Par

Branca et Fernanda Falcâo de Sommer

Illustré par

Luiz Falcâo de Sommer

PREMIER VOLUME

DAVOS
Imprimerie de Davos S.-A.
1908

Dédié à nos parents

AUX PYRAMIDES DE GIZEH

Le 22 novembre 1904.

A BORD DU "BÜRGERMEISTER".

nfin nous voilà sur le "Bürgermeister" par un temps assez beau, ce que nous n'osions espérer. Le bateau a eu tellement de retard et il faisait si mauvais depuis plusieurs jours, que nous croyions ne plus pouvoir partir.

Toute la famille est là pour nous dire adieu. Le pont est encombré par les voyageurs et les personnes qui sont venues les conduire à bord. Mais l'heure s'avance, nous allons lever l'ancre; on s'embrasse une dernière fois et l'on se sépare!

C'est pendant que nous sommes à dîner que le bateau se met en marche, et après le repas nous jouissons du spectacle magnifique de Lisbonne au clair de lune.

Le lendemain matin, 23 Novembre, la mer est assez calme. Nous longeons la côte. Nous passons au large du Cap St. Vicente et apercevons entre les rochers le "Porto de Sagres", lieu historique où l'Infant D. Henrique a organisé ses découvertes maritimes.

Nous faisons des connaissances à bord, entr'autres celle de deux familles portugaises: Mr. et Madame Rapozo, et le gouverneur de Diu et sa femme.

Après le dîner, tous les passagers montent sur le pont pour apercevoir le détroit de Gibraltar dans lequel nous allons bientôt nous engager. Il fait un clair de lune merveilleux, bien que de petits nuages gris flottent dans le ciel. L'Atlantique est d'un calme parfait. Le "Bürgermeister" glisse doucement, laissant derrière lui un long sillage d'écume blanche.

Parfois les nuages poussés par le vent masquent la lune d'un voile épais, puis, continuant leur course, ils la dégagent de nouveau. Et, comme si ses rayons pâles avaient soulevé un rideau invisible, soudain apparaissent à nos yeux Tanger illuminé, et Gibraltar, ou plutôt le phare de Gibraltar car c'est la seule chose qu'on distingue encore.

Le "Bürgermeister" ralentit son allure et bientôt nous mouillons dans la baie. On fait les signaux d'usage et de longs canots, montés par une dizaine de vigoureux Marocains, accostent notre navire. Aussitôt une avalanche de vendeurs envahissent le pont en criant, gesticulant et baragouinant toutes les langues possibles et imaginables. Ils offrent aux passagers des cartes-postales, des pipes turques, des yatagans . . . que sais-je encore!

Nous nous arrêtons très peu de temps à Tanger et après avoir passé par le détroit de Gibraltar nous entrons dans la Méditerranée.

Jeudi matin, 24 Novembre, nous passons devant les Baléares, sans perdre de vue la côte espagnole. Pour la saison, la mer est assez bonne; mais le vendredi soir elle commence à devenir houleuse. Nous voyons les matelots en train d'attacher, avec des cordes, les marchandises sur le "lower-deck". Ils couvrent les canots, bouchent les prises d'air et tous ces préparatifs sont peu rassurants, surtout depuis que le capitaine a prédit que nous danserions pendant la nuit en traversant le golfe de Lion.

Cette prédiction n'est que trop justifiée. A 9 heures du soir, ne pouvant plus tenir sur le pont, nous nous hâtons de regagner nos couchettes. La nuit fut vraiment terrible, l'eau embarquait de tous les côtés; on aurait dit que la mer furieuse se ruait contre notre bateau. Les paquets de mer en tombant sur le pont faisaient un bruit formidable, à croire que la carène allait s'ouvrir. Et nous, dans nos couchettes, secouées de tous les côtés, gémissant et malades à mourir, nous maudissions les voyages en mer. De notre bande, le seul qui résistait, c'était papa; il apparaissait de temps en temps aux portes des cabines, pour voir comment nous prenions la chose; et de toutes, la plus malade, c'était certainement moi, Blanche. Enfin, le cauchemar prit fin, et le samedi matin 26, à 7 heures, nous entrions dans le port de Marseille, la Joliette.

En hâte nous nous habillons pour quitter bien vite ce maudit "Bürgermeister". Quel plaisir de sentir la terre ferme sous ses pieds! Mais il fait un froid de loup. Nous allons déjeuner à l'hôtel Noailles, chacun fait un délicieux repas, excepté Blanche dont le mal de mer continue sur terre. L'après-midi nous allons en voiture faire le tour de la Corniche; nous voyons de loin Notre-Dame de la Garde et nous visitons la Cathédrale, style byzantin. A 8 heures nous regagnons le bateau qui doit lever l'ancre à 7 heures le lendemain matin.

Nous voilà donc en route pour Naples! Nous passons de nuit dans le détroit de Bonifacio entre la Corse et la Sardaigne et le lundi soir, 27, nous sommes en vue de Naples. Malgré notre grand désir d'aller à terre, nous ne le pouvons pas, maman ayant peur de descendre de nuit les escaliers du navire.

A peine avons-nous stoppé que des centaines de petits bateaux se dirigent vers nous. Les uns portent des marchands, d'autres des musiciens et des chanteuses; le tout forme un ensemble plein de gaieté.

Le lendemain nous sommes sur pied de bonne heure et un petit canot nous conduit à terre.

Sur le quai, quantité de mendiants et de militaires nous entourent; ils ont tous l'air de voleurs, mais avec l'aide de notre drogman, nous nous trouvons bientôt sains et saufs dans trois petites voitures, chacune desquelles offre juste la place pour deux personnes.

Nous avons déjà aperçu le Vésuve depuis le navire. La cime aujourd'hui est couverte de neige, et ce Naples tant vanté pour son doux climat est froid et glacé. De temps à autre un long panache noir s'échappe dans le haut du volcan et va se perdre dans le ciel obscurci par les nuages. Car nous n'avons pas un beau temps pour visiter le belle cité napolitaine, patrie des arts et du macaroni! Je n'ai jamais vu une ville à l'aspect plus misérable. On ne rencontre que des mendiants, tous sont déguenillés et semblent prêts à mourir de faim. Quantité de prêtres aussi, mais quels prêtres!... On dirait qu'ils ont couché avec leurs chapeaux, tant ils sont sales et fripés; leurs soutanes sont trouées et tachées. Décidément à Naples, il ne faut regarder que les monuments, il n'y a que cela de beau!

On nous montre sur notre passage la statue de Garibaldi et celle de Victor-Emmanuel. Nous visitons l'église de St. François de Paule, intéressante et remarquable par sa forme qui n'est pas oblongue comme les églises en général, mais circulaire. A noter aussi l'écho très accentué du bâtiment, puis l'autel en marbre de différentes couleurs. Le style est Renaissance. Nous quittons l'église pour aller aux galeries qui sont plus grandes et plus jolies que celles de Milan.

Au déjeuner nous n'avons garde d'oublier le fameux macaroni; puis nous nous acheminons vers le "Bürgermeister" en passant par les rues de la ville basse;

elles sont étroites, sans trottoirs et fort populeuses. On croise des types, habitants de Naples qui nous paraissent étranges, ou du moins c'est un genre qu'on ne voit pas ailleurs.

Nous maugréons tous quand il s'agit de nous embarquer de nouveau, mais il le faut car le steamer part vers

A BORD DU „BÜRGERMEISTER"

deux heures de l'après-midi. Une fois à bord nous restons sur le pont à regarder en bas, dans les petits bateaux, des chanteuses italiennes qui dansent le fameux ''Funiculi-Funicula''.

On lève l'ancre peu après et nous jouissons de la vue d'ensemble de la belle baie de Naples, dominée par le Vésuve. Elle est d'une beauté unique et incontestable.

Mercedi, 30, nous restons tous au lit, excepté papa; ce n'est pas que nous ayons le mal de mer, mais nous préférons nous reposer; quant à Louis il est retenu dans sa cabine par un grand accès de fièvre, suite d'un gros rhume attrapé à Naples. Cependant, comme la mer est assez calme, Miss Berthe se lève et elle rencontre, en montant sur le pont, le Capitaine; celui-ci, en apprenant que nous sommes toutes au lit, devient indigné et s'écrie presque avec colère: "Vous avez trop mangé de "macarôôni" hier à Naples, c'est pour cela que vous êtes tous malades par ce beau temps.

Le jeudi matin, 1 Décembre, la Méditerranée étant superbe, nous montons tous nous installer sur le pont et nous jouissons avec délices de cette vie de bord, qui lorsqu'on ne craint pas le mal de mer, est vraiment idéale. C'est un des jours les plus gais que nous ayons vécu sur le "Bürgermeister": pendant la matinée nous tirons des photographies et nous nous amusons à différents jeux d'adresse avec les passagers. L'après-midi se passe au salon où nous jouons de la guitare et chantons des "fados" avec des voyageuses portugaises et quelques Anglais.

Le soir le temps est si beau que le concert a lieu sur le pont. La mer est comme un lac et nous restons long-temps dehors, suivant avec la lunette les évolutions d'un navire qui cherche à nous devancer.

Vendredi, 2 Décembre, est encore une journée de bord délicieuse, et le soir, en nous glissant dans nos étroites couchettes, c'est avec un soupir de soulagement que nous nous disons: "C'est pour la dernière fois!"

▭▭ EGYPTE. ▭▭

PORT-SAID, Samedi, 3 décembre.

Nous entrons dans le port à 5 heures du matin et les cris de la sirène appelant le pilote nous réveillent tous en sursaut. C'est avec peine que nous nous rendormons, tant nous sommes impatientes de nous lever. Vers 6 heures et demie nous voilà prêtes et nous nous précipitons dans les escaliers. . . . Arrivées sur le pont nous nous apercevons que la pluie tombe fine et serrée; autour du navire s'agitent de nombreux petits bateaux montés par des Arabes; puis voici des grands chargements de charbon où se démènent des hommes tout noirs, criant et faisant un tapage infernal; ils montent comme des singes le long de la carène de notre navire apportant des paniers de charbon; tous les steamers qui passent ici ont à subir la même opération; c'est ce qu'on appelle: faire le charbon, et c'est un grand rapport pour Port-Saïd. Mais en attendant, on se croirait en enfer. Au loin, du côté de la mer, on entrevoit la statue de Fd. de Lesseps, et sur le bord même du Canal le palais de la compagnie de Suez.

A travers la brume, on voit le quai, quelques toits de maison, et par-ci, par-là, des palmiers. Et c'est cela l'Egypte?.. le pays des Pharaons? A vrai dire, je m'attendais à tout autre chose. Je me figurais un pays où règne un soleil éternel, où sévit toujours la chaleur; et au lieu de tout cela nous trouvons le froid et la pluie.

Nous attendons, pour descendre à terre, que Mr. Riche, (une ancienne connaissance de Miss Berthe), vienne nous chercher. Nous restons longtemps sur le pont à regarder les allées et venues du port, tandis que papa crie et peste après les Arabes qui se précipitent sur nos malles pour les emporter. Ils descendent les bagages dans les bateaux au bout d'une corde et deux colis attrapent un bain; heureusement pour les Arabes que ces colis ne sont pas à nous!

Enfin vers 9 heures Mr. Riche arrive; nous faisons nos adieux à nos compagnons de bord et nous débarquons. Nous mettons enfin le pied sur la terre égyptienne et nous nous dirigeons vers la douane. Ces formalités, si ennuyeuses d'ordinaire, s'effectuent assez facilement, grâce au passe-port diplomatique dont nous sommes munis.

Nous montons dans des voitures et nous y entassons comme nous pouvons, nous et nos innombrables paquets, puis nous roulons bientôt en ville. Que de boue, mon Dieu! — — on voit bien qu'ici les rues ne sont pas préparées pour la pluie; elles sont toutes défoncées et pleines de flaques d'eau et les chevaux s'embourbent jusqu'à mi-jambes.

Port-Saïd n'est déjà pas une jolie ville, mais, avec la pluie, elle est complète! Nous atteignons bientôt l'hôtel "Eastern Exchange" où nous commandons le déjeuner. Puis nous nous hâtons de monter dans nos chambres pour nous laver et prendre un bain, car pendant ces douze jours notre toilette a été faite assez sommairement.

Comme ils sont drôles nos domestiques!

Ils sont tous Arabes; leur costume se compose d'une longue tunique blanche serrée à la taille par une ceinture aux couleurs vives, et sur la tête ils portent leur inséparable "tarbouche"; jamais ils ne le quittent, car un Arabe se priverait plutôt de sa chemise que de sa coiffure.

La nourriture ici n'est pas précisément délicieuse, tout a un arrière-goût d'Arabe ou de chameau.

Après le repas nous sortons pour aller visiter le quartier de Port-Saïd qui s'appelle "le village arabe." Tout y est si curieux et si nouveau pour nous! Les femmes sont affreuses, entortillées dans leur robe noire, le visage caché, elles sont sales et repoussantes. Comme il a plu, les enfants pataugent avec délices dans la boue. Nous entrevoyons avec horreur quelques intérieurs de maison; tout y est d'une saleté à peine croyable! Dans des boutiques ouvertes sur la rue des marchands vendent des dattes, des oranges, des espèces de galettes mal cuites que des femmes indigènes achètent; tandis que plus loin, sur une place publique, un charmeur de serpents, entouré d'un cercle d'enfants, fait travailler ses horribles bêtes.

Nous sortons du village arabe pour entrer dans le quartier européen. Nous longeons le Canal de Suez et allons visiter le Palais de la Compagnie; sur les quais il y a une grande animation et nous voyons de là le yacht de Gordon Bennet. Puis, plus loin les machines de soulèvement des eaux et de la filtration, ce qui intéresse papa particulièrement. Le soir nous dînons avec Mr. Riche, mais nous restons très peu de temps au salon, ayant hâte de nous coucher dans un vrai lit.

Le lendemain dimanche, nous allons à la messe et nous rentrons boucler nos valises, car nous partons pour Ismailia à 11 heures et demie.

A la gare, beaucoup de personnes sont là, venues pour accompagner Miss Berthe. Nous montons dans un compartiment très confortable et allons peu après nous installer dans le salon restaurant, en compagnie d'un voyageur qui nous a été présenté: c'est Mr. Hemann, juge à Masourah.

Le trajet est très intéressant. Nous côtoyons d'un côté le beau lac Menzaleih et de l'autre le désert. Mr. Hemann est l'homme le plus agréable qu'on puisse imaginer. Il nous montre dans le désert un lac et une forêt de palmiers très distincts mais qui cependant, comme nous le constatons peu après, ne sont qu'un effet de mirage. Et nous jouissons d'un spectacle analogue encore plusieurs fois pendant le parcours.

Le côté du lac n'est pas moins intéressant et il nous charme encore plus. C'est incroyable la quantité d'oiseaux qu'on y voit! A un moment donné le lac est complètement recouvert d'ibis roses, ils cachent presque l'eau tant il y en a. Plus loin ce sont des canards sauvages, des cigognes, des flamands . . . . Le chemin de fer longe le bord même du lac; voici venir quelques barques arabes aux voiles déployées et qui font lever sur leur passage un vrai nuage d'oiseaux de toutes couleurs.

Pour la première fois nous voyons des chameaux dans le désert et nous remarquons combien ils sont mieux, vus ainsi dans le cadre qui leur est propre. Malheureusement, l'un de ces animaux, en voulant traverser la voie, est tué par notre train.

Nous nous arrêtons quelques instants à Kantarah, point de départ des caravanes. Peu après, en nous penchant à la portière, nous voyons au loin un grand bouquet de verdure. Rien qu'à l'émotion de Miss Berthe, nous devinons que c'est Ismaïlia.

— —

ISMAILIA, 4 décembre.

De loin nous voyons Mr. Defaucamberge qui fait signe avec son chapeau. Nous sautons sur le quai; Miss Berthe se précipite vers Mr. Defaucamberge qui est aussi ému qu'elle, puis elle nous le présente, ainsi que Germaine de Saint-Pierre et son mari, Mr. Lepenuen. On entasse les malles dans une voiture et toute la troupe prend le chemin de l'hôtel.

A peine avons-nous le temps de regarder nos chambres car les voitures nous attendent: maman, mademoiselle et Raymond montent dans la première; papa et Mr. Defaucamberge dans la seconde; Miss Berthe, Germaine et nous dans une troisième et enfin Luiz et Mr. Lepenuen dans une charrette anglaise. La procession se met en marche pour la visite de la ville. Nous allons d'abord au Chantier

VI où est l'hôpital qui domine le canal; ensuite dans le bois de filaos (genre d'arbres nouveaux pour nous qui ressemblent à des sapins mais sont plus élégants). Nous traversons la ville, le village arabe qui est bien plus propre que celui de Port-Saïd, puis nous rentrons prendre un thé très bien servi.

Ismaïlia est un petit pays charmant; c'est comme une oasis placée sur le bord du lac Timsah, partout on voit de la verdure; il y a des allées superbes, pleines d'ombre et où, en été, les malheureux habitants peuvent au moins trouver quelque fraîcheur.

Vers le soir nous allons jusqu'au village grec; c'est là qu'est la maison de Germaine, elle nous fait les honneurs de son intérieur qui est très joliment organisé. — Au dîner nous sommes tout une réunion, car papa a invité nos nouvelles connaissances ismaïliennes.

ISMAILIA-SUEZ, 5 décembre.

Au grand bonheur de Miss Berthe, Mr. Defaucamberge nous accompagne dans notre excursion à Suez. Nous partons dans la pilotine "Goëland", emportant notre déjeuner. Ce sera amusant de faire un pique-nique en bateau!

Nous traversons le lac Timsah pour rejoindre le Canal de Suez. Des deux côtés c'est le désert: du sable, rien que du sable, à peine égayé de loin en loin par un bouquet de palmiers ou un petit groupe de maisons, tel est le décor qu'on a sous les yeux pendant tout le trajet d'Ismaïlia à Suez. Mais ce n'est pas si monotone ni si

triste qu'on pourrait le croire. Le jaune du sable, mêlé à
ce bleu si pur des cieux d'Orient, donne un tout
impossible à décrire et qu'on ne rencontre que sous ces
latitudes. Nous croisons quelques navires qui transitent;
nous les devançons même sans peine car le "Goëland"
file à toute vapeur.

Plusieurs cormorans volent et se jouent entre les
vagues des lacs amers que nous traversons ensuite. Nous
déjeunons gaîment vers midi, mais papa qui veut absolument tuer un comoran s'interrompt plusieurs fois. Il
envoie une dizaine de balles qui tombent très près d'un
de ces oiseaux mais ne l'atteignent pas, ou du moins
ne lui font aucun mal; c'était à prévoir!

Quelques instants après nous apercevons une haute
montagne qui se détache en mauve très accentué sur le
bleu du ciel. C'est l'Attâqua. A ses pieds la ville de
Suez, en deçà de la Mer Rouge, puis plus près, Port Tew-
Fick, la partie de Suez habitée par les résidents européens
et particulièrement par les employés de la Compagnie.
C'est comme un grand quai bordé de belles maisons d'habitation et d'arbres. L'arrivée à Suez est très jolie, nous
passons devant Port Tew-Fick et nous voyons de loin
le mont Sinaï et les fameuses fontaines de Moïse, c'est
à-dire l'endroit où celui-ci frappa le rocher de son bâton
pour en faire jaillir une source. Puis nous laissons le
canot s'engager un peu dans les eaux de la Mer Rouge.
A cet endroit il y a comme une ligne qui sépare la mer
en deux: celle-ci est d'un vert intense du côté du Canal,
et bleue du côté de la mer. Le nom de Mer Rouge vient,
dit-on, de ce que le sol est en grès rouge, ce qui donne
parfois des reflets rougeâtres à l'eau.

Le canot aborde à Port Tew-Fick, d'où trois voitures nous emmènent à Suez. Le quartier arabe est un
quartier tout à fait indigène, le plus important sur le

Canal. Les rues sont pleines de gens du pays. La race ici est moins mélangée et on voit des types très fins, de vraies têtes de Saint Joseph. Nous rencontrons entr'autres des Bédouins. Ce sont les nobles Arabes, ceux qui ne vivent jamais dans les villes et qui ont gardé sous la tente du désert la pureté de leur race. Ils portent en général des robes claires, recouvertes d'un grand burnous

PORT TEW-FICK

beige, et sur la tête une sorte de voile en lainage blanc, avec une corde épaisse enroulée plusieurs fois.

C'est à peine si les voitures peuvent avancer dans les rues. Nous sommes au temps du Ramadan; c'est le grand jeûne des Musulmans, il dure 40 jours. Pendant ce temps, les Arabes ne doivent rien manger depuis le lever du soleil jusqu'à son coucher. Alors un coup de canon annonce la fin du jeûne et les Arabes se précipitent dans les boutiques pour acheter leur nourriture. Aussi, les marchands profitent de cette époque: ils étalent leurs denrées sur des comptoirs jusque dans la rue. Voici des poissons frits, des beignets soufflés, des dattes, des oranges, des fruits de toutes sortes et surtout des douceurs. Il y en a de toutes les couleurs avec les parfums les plus extraordinaires. Les marchands cuisinent même sous les yeux étonnés des spectateurs. Nous en voyons un, qui sur une grande tôle ronde, chauffée, répand, à l'aide d'une sorte de pomme d'arrosoir, une pâte blanche qui, au contact de la tôle chaude, se prend en filaments semblables à du vermicelle.

Les rues ont ainsi l'aspect le plus pittoresque qu'on puisse voir. Le pire ce sont les mouches qui sont là chez elles ! Les Arabes y sont tellement habitués qu'ils ne les chassent même plus et on en voit parmi eux dont les yeux ont une vraie bordure de mouches. D'ailleurs, ce sont elles qui propagent cette plaie de l'Egypte: l'ophtalmie. Les Européens s'en garantissent par tous les moyens possibles, mais les Arabes l'attrapent et ne se soignent même pas; aussi presque tous ont les yeux abîmés et comme rongés.

En regardant en haut des maisons, nous remarquons les fenêtres qui avancent en sorte de balcons: c'est un treillage en bois assez serré pour que les curieux ne puissent rien voir derrière, mais qui permet à l'habitant de regarder dans la rue; d'ailleurs de petites fenêtres, elles-mêmes en treillage, sont ménagées par endroits. On appelle ce genre d'ébénisterie: "moucharabieh". L'industrie l'applique à des meubles européens ce qui donne lieu à de très jolies créations.

Tout le monde sait que la femme musulmane ne doit jamais être vue; de là cette mode des "moucharabieh" et celle du costume des femmes arabes. Leur robe est divisée en deux parties: la jupe, et une sorte de voile pris à la taille et qui se relève sur la tête. Devant, un autre voile en étoffe moins épaisse leur cache le bas de la figure en s'accrochant derrière les oreilles, laissant les yeux et

le front à découvert. En général, chez les paysannes tout
le costume, même le voile, est noir. Les plus pauvres qui
ne portent pas le petit voile se contentent de ramener sur
la bouche une partie de leur manteau quand elles passent
devant un homme. Quelques femmes, pour soutenir le
voile de la figure, portent un tuyau en bambou doré, cerclé
d'or ou d'argent selon le rang. Ce tuyau part des cheveux jusqu'au nez, semblant partager le front en deux; c'est très laid.

Au milieu du village nous nous arrêtons devant un
prestidigitateur arabe qui travaille assez bien. Mais ce qui
nous amuse beaucoup c'est que, lorsque les spectateurs
font du bruit, l'artiste les frappe pour leur imposer silence; il tape sur leur tête avec beaucoup de force à l'aide
d'un morceau de bois taillé dans ce but. Il faut venir en
Egypte pour voir cela: payer et être battus!

Nous revenons prendre le train qui doit nous ramener
à Ismaïlia. Le soir, avant de nous séparer, nous combinons
avec Mr. Defaucamberge une promenade à bicyclette pour
le lendemain matin.

Donc, à 9 heures du matin, nous enfourchons chacun
notre machine et roulons dans l'avenue Poilpré. Tout
y est fleurs et verdure. Jamais ville n'a été mieux nommée qu'Ismaïlia: les indigènes l'appellent "l'émeraude du
désert". C'est l'oasis perdue dans l'immensité de sable,
la fraîcheur et la vie au milieu du désert.

Nous quittons Ismaïlia à midi. Mr. Defaucamberge dit
qu'il ira nous (c'est-à-dire Miss Berthe) voir au Caire, à
notre retour d'Assouan. Avant de partir nous avions encore visité la chambre où logeait Mr. F. de Lesseps lors
du percement du canal; elle est bien simple et peu curieuse.

Toutes les connaissances de Miss Berthe l'accompagnent à la gare et après avoir dit adieu à tout le
monde, nous nous installons dans le train.

Le trajet d'Ismaïlia au Caire est fort joli. On file d'abord à toute vapeur à travers le désert, mais bientôt le sable se change en forêts de palmiers, en pâturages où paissent des buffles et des chameaux. Plus loin, ce sont des terrains cultivés, des champs de maïs, de canne à sucre, de blé, etc.

Nous traversons plusieurs pays importants, entr'autres Zagazig, et nous arrivons à 5 heures et demie au Caire. Mr. Barringer nous attend sur le quai de l'immense gare; il nous conduit jusqu'à l'omnibus du Shepheard Hotel où nous devons descendre.

Sur la façade principale de l'hôtel de grands escaliers conduisent à une large terrasse. Le hall colossalement grand précède le salon, tout style arabe avec de grands divans partout autour des pièces; cela nous plaît beaucoup à cause du cachet oriental qui règne ici.

———

LE CAIRE, 7 décembre.

Nous louons des voitures pour aller, aussitôt levés, prendre un aperçu de cette grande capitale tant vantée. On peut voir tout de suite que c'est une ville déjà fin de siècle. C'est la pleine saison du Caire: des Européens de toutes les nationalités, où dominent les Anglais, parcourent les rues. Celles-ci très larges, comme des avenues, et bordées d'arbres, offrent l'aspect le plus varié et le plus cosmopolite que l'on puisse voir. Des constructions européennes, des villas, des palais même font la bordure de ces belles avenues. Les Arabes, plus propres ici que dans les autres parties de l'Egypte, font la joie des yeux avec

leurs habits aux couleurs voyantes. D'innombrables tarbouches rouges (la coiffure arabe) animent les rues. Les
uns portent une longue tunique en soie jaune (galabieh);
d'autres une sorte de pantalon à la zouave, en drap souple
bleu ou noir, avec la veste galonnée et brodée d'or.
Puis ce sont les femmes arabes du Caire, coquettes dans
leur costume de soie noire brochée, avec leur voile de
crêpe blanc, laissant deviner le bas de la figure et donnant
aux yeux une expression mystérieuse qui les fait ressortir
davantage. Les unes, les femmes des grands du pays,
passent dans leur coupé traîné par de beaux chevaux arabes; deux "sahis" les précèdent. Le sahis est une des
curiosités élégantes de l'Orient. Habitué dès son jeune
âge à la course, sa fonction est de précéder les grands
équipages pour leur faire place parmi la foule. Ils sont
généralement deux ensemble, de la même stature. Jambes
et bras nus, ils sont vêtus d'une culotte courte et d'une
tunique en mousseline blanche qui retombe sur les bras en
donnant l'illusion de deux ailes. Des broderies d'or, des
écharpes rouges ajoutent à l'élégance de leur tenue. Sur
la tête un turban blanc et or entoure le tarbouche, et un
long gland de crin noir leur descend jusqu'à la ceinture.
A la main ils ont une grande canne à pomme d'or pour
écarter les passants. Ils vont en avant des chevaux, élégants et sveltes, prévenant la foule de la voix et du geste,
évoluant gracieusement à travers les rues. C'est la dernière expression du luxe égyptien.

Les voitures nous amènent devant le grand pont de
fer de "Qasr-el-Nil", long de 390 mètres. Tous les jours
de 1 h. à 2 h. 30 le pont s'ouvre pour laisser passer
les bateaux. Pendant cet intervalle, la circulation est interrompue entre les deux rives. C'est ici la route par
où arrivent au Caire toutes les denrées des villages avoisi-
nants; aussi le matin l'animation y est très grande. Les

2

fellahs (paysans arabes) poussent devant eux des charrettes pleines de fruits et de légumes. Les chameaux, de leur pas rythmé, avancent en silence, chargés eux aussi et guidés seulement par une corde qui leur tient le museau. Sur des voitures toutes plates viennent des femmes voilées, assises et serrées les unes contre les autres; puis des ânes surtout, ces beaux petits ânes du Caire qui trottinent portant allègrement leurs lourdes charges. On en voit aussi d'autres plus soignés, plus coquets; ce sont les ânes des excursions, qu'un petit Arabe conduit vers un hôtel de la ville, car au Caire la plupart des excursions se font à âne. Et ceux-ci sont vraiment une des curiosités les plus typiques de l'endroit; on en rencontre partout, portant avec le même bon vouloir, l'Anglaise sèche et maigre, ou le gros Allemand ventru.

Mr. Barringer nous attend à l'hôtel où nous déjeunons dans la salle du restaurant. Vers 3 heures de l'après-midi nous allons en voiture visiter le bateau "Ramses-the-Great", first tourist steamer, dans lequel nous devons faire le voyage du Nil. Il est amarré au quai gauche de "Qasr-el-Nil" et il nous faut traverser ce pont pour y arriver; mais justement le pont est levé, aussi le flot de ceux qui passent à chaque minute doit s'arrêter comme nous à l'entrée, devant les deux lions de bronze qui ornent les colonnes. Ce flot va grossissant de minute en minute et, au moment où le passage est libre, il envahit le pont. Mais c'est un autre aspect que dans la matinée. Maintenant les équipages européens dominent. Les cyclistes, les cavaliers, les automobiles, tous se rendent sur la rive opposée où sont les grandes routes ombragées, particulièrement celles des Pyramides et du Gésireh.

Après la visite au bateau, les voitures nous emmènent vers cet hôtel renommé dans le monde entier: le Gésireh-Palace. C'est un véritable palais, qui a servi lors

de l'ouverture du Canal de Suez, pour la visite de l'Impératrice Eugénie. Les appartements sont réellement magnifiques: l'entrée, les salles, les terrasses, sont princières.
Le parc à l'entour est surtout merveilleux avec sa végétation exotique. Cet hôtel est tenu par le même directeur
que le Shepheard's, mais il est plutôt fréquenté par les
familles qui viennent au Caire non en curieux, mais pour
y passer l'hiver. Le Shepheard, étant absolument dans
les mêmes conditions, est peut-être plus attrayant, car il
est plus gai et surtout plus central. Cependant la promenade jusqu'au Gésireh est fort agréable. Elle est bordée
de beaux acacias, de jolies constructions à droite et à
gauche, puis d'immenses terrains, dépendances du Gésireh,
qui sont organisés pour les sports anglais: polo, golf,
tennis, races, etc.

———

LE CAIRE, 8 décembre.

C'est aujourd' hui la fête du demi-centenaire de l'Im-
maculée Conception. Nous allons donc à la messe de
10 heures qui, à notre grand ennui, se trouve être une
grand' messe. Papa s'impatiente et veut partir, car il a
rendez-vous avec plusieurs Portugais. Enfin, nous restons
tout de même jusqu'au bout et nous nous hâtons de nous
rendre à l'hôtel Continental, où nous sommes attendus.
Les Portugais en question sont: Mr. et Mme. Larcher, Mr.
Pereira Cunha et le vicomte de Faria qui nous paraît être
surtout un grand amateur de photographies. Nous re-
trouvons-là aussi notre compagnon du train: Mr. Hemann.

Ce jour est celui de la fête du Baïram qui marque
la fin du Ramadan. Il y a grande réception au Palais

par son Altesse le Khédive. Ces messieurs (excepté le petit vicomte) sont en tenue officielle, car ils se disposent à aller à la réception. Ils portent une longue redingote noire, une écharpe de soie en bandoulière, rouge ou verte selon le rang; sur la tête, le traditionel tarbouche, et la poitrine couverte de médailles constellées de pierreries. Ainsi équipés ils font un effet épatant!! . . .

Ils partent tous, et nous de notre côté, nous allons vers le village arabe pour visiter les cimetières.

Comme nous l'avons dit, le Ramadan finit aujourd' hui; c'est donc un jour de grande fête pour les Musulmans. Ceux qui pratiquent le culte des morts passent leur journée dans les cimetières, auprès des tombes de leurs parents, après avoir apporté un repas qu'ils mangent sur les tombeaux; ils ont soin d'en laisser une partie pour les morts au cas où ceux-ci s'aviseraient de se réveiller la nuit en ayant faim. Les pauvres profitent de cette coutume et viennent toujours manger ce que les morts n'ont pas pris. Il y a des croyants qui restent là pendant les jours qui suivent le Baïram; ils y couchent même car la plupart des tombes sont dans des sortes de chambres en terre battue. C'est aussi l'habitude, quand quelqu'un des passants ressemble au défunt, de lui offrir de la nourriture; il faut alors se garder de la refuser, aussi avions-nous très peur de ressembler à un des morts; d'ailleurs cela n'aurait pas été flatteur, car à part quelques beaux types, les Arabes égytiens sont généralement laids.

Nous entrons aussi, par une grande faveur, dans le caveau khédivial. C'est un vaste bâtiment style arabe, divisé en plusieurs pièces dans lesquelles se trouvent les tombeaux, de véritables monuments. Le sol est recouvert de magnifiques tapis de Perse. Tout est justement préparé pour l'arrivée du Khédive et du harem qui doivent bientôt

venir. Les tombeaux sont d'une richesse inouïe: en marbre, bronze, lapis-lazuli, tout incrustés d'ivoire, d'argent
ou d'or. Mais le plus riche est sans contredit celui que
nous voyons plus loin et où est enterré Méhémet-Ali,
grand-père de l'actuel Khédive Abbas II.

Au retour, nous entrons dans une ancienne mosquée
abandonnée qui a 900 ans; c'est la plus vieille qui existe.
Elle est absolument délabrée. On y voit, comme curiosité,
la place où les mains de l'architecte ont été enterrées; le
Khédive d'alors les lui avait fait couper afin que jamais
il ne recommençât une mosquée semblable! — Jolie récompense!

L'après-midi nous allons visiter les bazars du quartier
arabe ou Mouski. C'est assez curieux, on y voit de
tout, depuis des bagues à deux sous jusqu'aux tapis de
10 000 Fr. et plus. Mais comme c'est un jour de fête,
les rues manquent d'animation, nous préférons y faire
une visite plus détaillée une autre fois.

Nous rentrons tôt à cause du dîner que nous offrons
le soir à la colonie portugaise qui se trouve au Caire.

Il y a grand bal ensuite et nous restons longtemps
au salon, car la soirée est très bien réussie.

LE CAIRE, Vendredi. 9 décembre.

A 10 heures nous avons rendez-vous chez le pho-
tographe avec toute la société portugaise. On nous prend
en groupe que nous garderons comme souvenir.

Nous avons changé de drogman; aujourd'hui nous
en avons un tout à fait élégant. Son costume est en drap

fin bleu électrique. Il parle très bien le français et nous renseigne sur tout. Comme c'est vendredi, le dimanche des Musulmans, nous allons au Vieux Caire qui est assez loin de la ville. Là, nous mettons pied à terre et nous enfonçons dans des ruelles souterraines. Elles sont étroites et sombres, à se demander comment les habitants peuvent y vivre. On atteint une église copte qui a plutôt l'air d'une cave humide ; justement il y a une messe qu'un prêtre orthodoxe est en train de dire ; au moment de la communion, nous le voyons manger le pain consacré après l'avoir trempé dans le vin. Il a l'air de faire un vrai repas tant le pain est énorme ; et pourtant, il ne mange que la partie du milieu, donnant le tour au petit servant qui le consomme en se promenant en rond autour de l'autel. En avant, un sacristain psalmodie, toujours sur le même ton, d'une voix horriblement nasillarde. C'est une cérémonie peu agréable à des cœurs catholiques.

Tout l'intérêt de l'église réside pour nous dans la visite de la crypte. C'est là que la Sainte-Vierge se cachait pendant son séjour en Egypte, après sa fuite de Bethléhem. C'est avec vénération que nous contemplons l'excavation où, nous dit-on, Marie lavait les langes de l'Enfant Jésus, et plus loin l'endroit où se tenait habituellement St. Joseph. Pourquoi un lieu si plein de pieux souvenirs est-il ainsi abandonné des catholiques ?

Nous revenons à la lumière du jour et nous nous dirigeons vers le Nil ; un bac nous traverse de l'autre côté, à l'île de Roda où l'on voit un puits servant à calculer le niveau des eaux du Nil, un Nilomètre. D'une plate-forme dominant le fleuve, on nous indique l'endroit où Moïse eut l'heureuse chance d'être aperçu dans son berceau d'osier, par la fille du Pharaon.

Nous allons voir une ancienne mosquée que les Musulmans viennent visiter deux fois par an. La principale relique est une colonne de marbre fendue. Notre guide, qui est un fervent Musulman, nous raconte d'un air sérieux et convaincu, que lorsque Mahomet partit pour la guerre contre les Perses, cette colonne fit un mouvement comme pour le suivre, mais Mahomet lui ordonna de rester à sa place. De nouveau la colonne s'ébranla; Mahomet furieux, pour la châtier de sa désobéissance, lui "a fichu" (expression du drogman) un coup de fouet; c'est la fente qui est restée marquée sur la colonne. Depuis, pendant les pélerinages, les Musulmans fanatiques prirent l'habitude de se déchausser et de frapper de leurs sandales cette colonne audacieuse qui osa résister à leur grand Mahomet. Cette coutume menaçait de détruire un jour ou l'autre la colonne, aussi le Khédive la fit-il entourer d'un grillage en fer.

Dans un coin, nous voyons une pierre tout usée. Là, nous dit le drogman, viennent ceux qui ont un rhume; ils frottent la pierre avec un citron et la lèchent pour être guéris. Mais il faut faire cette dévotion un samedi . . .

Dans la cour, deux colonnes très rapprochées servent à expérimenter la bonté de chacun: si on peut passer entre les deux colonnes, c'est que l'on est du parti des bons. "J'ai fait cela plusieurs fois, nous dit notre guide."

La foi de ces Mahométans est vraiment admirable et pourrait nous servir d'exemple à nous autres catholiques. Ils comptent entièrement sur Allah et c'est de cette confiance que viennent leur tranquillité d'esprit et leur philosophie. Aucun évènement ne les trouble . . . "Allah est grand!" La mort ne les effraye pas, au contraire ils attendent tout de l'autre vie. Ils pensent qu'ils reviendront hommes, dans une félicité parfaite. Il y aura trois degrés; dans le premier, chaque homme aura quatre-vingts femmes pour le servir. Ils ne se scandalisent pas facilement: nous faisons au drogman la réflexion que le Khédive

et les Princes mangent comme nous autres pendant le
Ramadan. ''Oh! nous répond-il, ils ont la permission du
Sultan'' (car le Sultan est le grand chef de la religion et
toute l'Egypte est sous sa dépendance). Mais la vraie
influence règnant sur le pays, c'est l'influence anglaise.
Au milieu de tout cela, le Khédive en prend à son aise
et s'occupe surtout de ses propriétés.

Le Musulman doit prier régulièrement trois fois par
jour: le matin, à midi et à 5 heures du soir. Le
''mouezzin'', prêtre mahométan, monte au haut du minaret qui domine la mosquée et annonce l'heure de la prière.
Ceux qui ne peuvent pas se rendre à la réunion prient
où ils se trouvent. On en voit au coin des rues, dans la
campagne, étendre par terre leur manteau et se mettre
à prier. Mais tous doivent auparavant se laver la figure,
les pieds et les mains. Cela les oblige à une certaine
propreté; quant au corps, ils ne le lavent guère que deux
fois par mois.

Nous revenons par une large place où se trouve
une grande mosquée. C'est justement l'heure de la prière
et de la rue nous pouvons voir, à l'intérieur, des rangs
serrés de Musulmans, absorbés complétement dans leurs
invocations. Rien ne les en distrait. A côté d'eux, leurs
bottines, car par respect ils sont tous déchaussés. A un
signal donné ils se prosternent la face contre terre, se
relèvent, portent leurs mains aux oreilles pour écouter les
esprits, se prosternent de nouveau, toujours en récitant
avec volubilité les versets du Coran. Mais quel respect!
quelle attention! quand ils parlent à leur Dieu! Combien
de catholiques, devant un tel spectacle, devraient rougir de
leur indifférence.

L'après-midi est consacrée à la visite de la Citadelle.
Située tout en haut de la ville, on y accède par une
route assez raide. L'aspect est celui d'une forteresse.

Les premières portes sont gardées par des militaires anglais.

Au seuil de la cour principale, on nous attache par-dessus nos chaussures, d'immenses sandales. Cette cour, toute pavée de marbre, contient en son milieu une énorme fontaine sculptée; celle-ci, également en marbre, porte tout autour, des bassins en forme de coquilles et munis d'un robinet. C'est là que les Musulmans se lavent avant d'aller prier dans la grande Mosquée, l'édifice principal de la Citadelle.

L'intérieur de la Mosquée nous arrache un cri d'admiration. C'est d'une richesse inouïe: les colonnes d'albâtre, la coupole peinte et dorée en style égyptien s'élançant à une hauteur prodigieuse, la tribune d'honneur pour le harem, les tapis de Perse qui couvrent le sol, les six mille lampadaires de cristal qui pendent du dôme, retenus par des chaînes en argent; tout cela fait sur le visiteur une impression inoubliable. D'ailleurs cette mosquée du Caire n'a sa pareille qu'à Constantinople.

Nous en faisons le tour extérieurement pour jouir de la vue: on découvre de là toute la ville avec ses constructions blanches et carrées, ses innombrables minarets de formes diverses, les coupoles de ses mosquées, le fouillis indescriptible des maisons éclatantes de blancheur sous le soleil; au loin, les Pyramides, se détachant sur le ciel bleu d'Egypte. Voilà un panorama unique et enchanteur.

A droite de la Mosquée, on prend un petit chemin escarpé et rocailleux qui nous conduit au puits de Joseph. C'est un puits d'une profondeur de 200 mètres; une galerie creusée dans le roc en fait le tour extérieurement; des fenêtres ouvertes de loin en loin permettent de se pencher pour sonder du regard la profondeur du gouffre; c'est effrayant. On dit que c'est là que Joseph passa les sept années de sa condamnation par Putiphar.

En rentrant le soir nous croisons la voiture de la Khédiva; nous ne pouvons que l'entrevoir.

— —

PYRAMIDES, 10 décembre.

A notre grand regret il y a aujourd'hui un brouillard horrible; mauvais temps pour étrenner nos "coufis" achetés exprès pour le soleil.

Nous prenons le chemin du Gézireh, mais après le pont de Qars-el-Nil nous obliquons à gauche. Le brouillard, suspendu aux arbres, tombe sur nous en fines gouttelettes; des champs labourés monte une épaisse vapeur d'eau; le soleil fait des efforts infructueux pour percer la brume, pourtant elle ne semble pas pouvoir lui résister longtemps. Il fait très froid, mais voilà déjà que le brouillard s'éclaircit et un quart d'heure plus tard il se lève, nous laissant voir un superbe ciel bleu et les trois Pyramides se détachant dans le fond. Sur les nappes d'eau passent et repassent une quantité d'oiseaux; ce sont des hirondelles que nous reconnaissons à leur vol rapide et gracieux. Nous les retrouvons ici avec le chaud soleil, tandis que l'Europe est ensevelie sous la neige.

C'est de la route que les Pyramides de Gîzéh, ces masses énormes de pierres, font la plus grande impression: comme on se sent petit et peu de chose devant de tels monuments! Ils sont restés là impassibles, regardant passer les siècles et des races tout entières. Des souvenirs historiques nous reviennent en foule et nous pensons aux fameux 40 siècles de Napoléon.

LE SPHINX

Mena House est un hôtel érigé juste en face des Pyramides de Gîzéh. Il est très confortable, et certains touristes y restent tout l'hiver; la salle à manger surtout est très gaie. — On nous propose de faire l'excursion à âne ou à chameau; nous choisissons les chameaux, c'est plus drôle et surtout plus nouveau pour nous. Au moment où on les monte, ces animaux font entendre une espèce de grognement qui n'indique pas une grande satisfaction. Ils sont couchés à ce moment, et, quand ils relèvent, on éprouve un balancement d'arrière en avant, puis d'avant en arrière, qui en général effraye le cavalier; mais ensuite on est tout au plaisir de ce nouveau sport. Le balancement devient presque agréable: on est si bien assis, les selles sont si confortables qu'on se sent tout à fait chez soi.

Mais nous voici au pied de ces monstres de l'antiquité! De quelles pierres énormes ils sont formés! . . . et quand on pense qu'il a fallu les transporter et les hisser là l'une après l'autre! Elles sont en granit, extrait des carrières d'Assouan.

Les Pyramides sont encore des tombeaux des anciens Pharaons. La première, la plus grande, a 140 mètres de haut, c'est Chéops; la seconde, Chéphren, et la troisième, Mykérinos. De leur pas lent et sûr, nos chameaux nous en font faire le tour. Maman aussi s'est risquée sur cette monture, et elle n'a pas l'air de la trouver trop désagréable. On nous prend tous en photographie, et nous passons devant le Grand Sphinx, le dieu-bête des Egyptiens, à corps de lion et à tête humaine. Il est monstrueux aussi comme dimensions, et les siècles ont laissé sur lui leur empreinte en rongeant la pierre de la face; les pattes sont presque tout enterrées dans le sable. Malgré cela, le Sphinx n'en reste pas moins un monument bien imposant et un grand témoin du passé.

Nous descendons dans un souterrain voir le temple de granit ou Temple du Sphinx. Ce sont de grandes salles à colonnes de granit dont les blocs ont plus de huit mètres de côté. Au retour on nous propose l'ascension de la grande Pyramide, car il y des Anglais assez hardis pour s'y risquer, mais c'est très pénible. Il faut qu'un Arabe vous tire et qu'un autre vous pousse; on revient de là à demi brisé à cause des efforts qu'il faut faire pour escalader ces blocs énormes. Nous préférons donner quatre shellings à un Arabe pour le voir monter, comme un singe, d'un côté et redescendre de l'autre, en un quart d'heure.

Nous allons pourtant à une certaine hauteur sur le flanc de Chéops, voir l'entrée du tombeau. — Nous revenons au moment du coucher du soleil.

Ici en Orient il atteint une magnificence comme nulle part ailleurs. Le ciel s'embrase d'une lueur de feu, tout l'horizon semble devenir incandescent. La voûte céleste, les plantes, les maisons, prennent des teintes si accentuées qu'on les dirait irréelles. On a vraiment raison de vanter la beauté du ciel d'Orient!

LE CAIRE. Dimanche 11 décembre.

Le dimanche matin nous nous levons un peu tard puis allons à la messe de 11 heures. L'après-midi est toute consacrée au jardin Zoologique, qui est situé de l'autre côté du Nil, sur la route des Pyramides. C'était une dépendance du palais Khédivial, aussi est-il surtout remarquable par sa grandeur et la richesse de sa flore. Ce qui nous frappe le plus, ce sont les allées en mosaïque, toutes d'un dessin différent et très artistique.

Nous rentrons avec nos amis portugais prendre le thé au Continental.

———

LE CAIRE-MATARIEH, 12 décembre.

Ce jour-là, nous préparons déjà nos malles pour le voyage du Nïl et dès 2 heures les voitures sont là pour nous conduire à Matarieh. La route est très agréable et toujours animée, courant au milieu de champs cultivés et bordée de beaux arbres.

Nous descendons à la villa "Pépita", habitation de Mr. Barringer qui nous a invités. Mais nous ressortons presque aussitôt pour aller visiter l'Arbre de la Vierge. C'est un sycomore, placé dans un petit jardin entouré de murs. Il est très vieux, son tronc divisé en deux est tout pelé à cause des pélerins qui à chaque visite emportent un morceau d'écorce; pourtant ses branches portent encore des feuilles. C'est là que la Vierge, dans sa fuite en Egypte, s'arrêta, dit-on, pour se reposer. Nous prenons quelques feuilles que nous garderons religieusement en souvenir. Louis tire la photographie de notre groupe, les uns sur les branches de l'arbre, les autres en dessous, ce qui ne se fait pas avec beaucoup de respect.

Nous allons jusqu'à l'obélisque de Matarieh, qui est tout ce qui reste de la belle ville égyptienne d'Héliopolis; l'obélisque de la Place St. Pierre à Rome était un pendant de celui-ci.

Nous rentrons prendre le thé avec Mme. Barringer et nous nous hâtons vers le parc des autruches. Quelle quantité de ces animaux nous voyons là! Elles sont parquées en groupes séparés. Il y en a de tous les âges, depuis deux ans jusqu'à soixante. Nous leur donnons des mandarines qu'elles avalent tout entières et qu'on voit descendre le long de leur grand cou. L'une d'elles est surnommée par le gardien ''l'autruche derviche'' parcequ'elle fait toutes sortes de contorsions en battant des ailes. A l'entrée il y a un nid plein d'œufs énormes.

Au retour nous nous arrêtons pour voir les chevaux de l'oncle du Khédive.

LE NIL, Mardi, 13 décembre.

C'est à 10 heures du matin que le ''Ramsès the-Great'' quitte le port où il est amarré; il va nous mener vers la

RAMSÈS THE GREAT

Haute-Egypte, à Assouan, qui est le terme de notre excursion sur le Nil. Le bateau est merveilleusement amé-

nagé. Tout le confort moderne s'y trouve pour le bien-
être des voyageurs. Les cabines sont de vraies chambres,
simples, mais dans lesquelles rien ne manque. Les salons
et la salle-à-manger n'occupent sur le pont que l'avant
et l'arrière du bateau, laissant ainsi entre eux un large
espace coquettement disposé. De beaux tapis couvrent
le sol; un piano au fond, çà et là des petites tables et des
chaises en osier vert, ornées de coussins, rendent ce coin

RAMSÈS THE GREAT: LE CAFÉ

agréable et intime. C'est là, qu'après les repas on vient
prendre le café et où l'on reste plus volontiers quand
il n'y a pas d'excursion.

Aujourd'hui justement il y a une promenade à âne.
Notre caravane se compose d'une quarantaine de personnes,
sans compter les âniers et les drogmans. Rien de plus drôle
et de plus risible que ces Anglaises à longues dents, froides
et raides comme des piquets; ces graves gentlemen anglais
et américains, les jambes trop longues pour les étriers et
repliées comme des pattes de grenouilles, tous sautant à qui

3

mieux mieux sur le dos des malheureux baudets. Ils roulent des yeux féroces sous leurs casques d'explorateurs et prennent des airs de conquérants comme si, au lieu d'aller faire une simple visite à d'anciens monuments, ils allaient traquer le lion dans son repaire.

VILLAGE DE BÉDRACHIN

La nature ici est verte et luxuriante. Nous traversons en ce moment une forêt de palmiers. Plus loin c'est le village de Bédrachin, une agglomération de huttes en terre battue. Des petits gamins courent après nous en demandant un "Bakchich" à quoi nous répondons d'un air très grave "Mafish filouss' c'est-à-dire: "Je n'ai pas d'argent". Nous traversons des champs de maïs, encore une forêt de dattiers et la caravane s'arrête près des statues de Ramsès II le Grand. Le premier colosse est fort détérioré, mais le second est intact; cette seconde statue est couchée et on monte sur un petit belvédère pour la voir; elle est admirablement conservée, si bien même que personne ne soupçonnerait qu'elle a déjà vu passer cinq mille ans. — Ce sont là les restes de l'ancienne Memphis.

De là nous nous dirigeons vers les Pyramides de Saqqârah, dominées par la Pyramide à degrés. Nous traversons des marais desséchés et nous arrivons vers quelques

PYRAMIDES DE SAQQARAH

pans de murs écroulés, encore des restes de la belle Memphis, capitale de l'Egypte sous les anciennes dynasties. Les palmiers ont envahi ces ruines qui reposent maintenant à l'abri de leur ombre.

Nous commençons à grimper sur une colline de sable dans lequel nos ânes enfoncent jusqu'aux genoux. Les Pyramides de Saqqârah sont des Pyramides en miniature en comparaison de celles de Gîzeh qu'on entrevoit au loin. Nous voici en pleine nécropole de Saqqârah. On entre dans de longues galeries creusées sous le sol, (ce qui n'est pas dans le goût de maman qui préfère rester dehors) et, munis de bougies, nous commençons à descendre. Ce qu'il y a de remarquable surtout, ce sont les bas-reliefs qui se

sont conservés fort beaux à travers tant de siècles. —
Après un quart d'heure de promenade souterraine nous
revenons à la lumière du jour et nous voilà de nouveau
à dos d'âne jusqu'au tombeau de Tî, premier ministre du
Pharaon. C'est fort intéressant: les peintures encore très
nettes représentent des épisodes de l'existence de Tî, dé-
voilant ainsi au visiteur la vie et les mœurs d'il y a
cinq mille ans!

Bien des personnes se plaignent de voir toujours des
tombeaux et s'en lassent. Naturellement, si on ne les
considère pas sous leur point de vue historique et archi-
tectural, on ne peut admirer ce qui n'est plus alors que
de la pierre et de la poussière.

Nous continuons notre chemin et atteignons le Séra-
péum, sépulture souterraine du bœuf Apis, où sont tous
les sarcophages des bœufs divinisés. On sait qu'en Egypte
les animaux sacrés étaient, après leur mort, momifiés et
ensevelis avec les honneurs dûs aux rois; le bœuf Apis
était l'animal sacré de Ptah, le dieu memphite. Toujours
munis de bougies nous pénétrons dans de longs couloirs
où, de loin en loin, une profonde excavation contient un
des sarcophages. Ils sont énormes, tout en marbre sculpté,
les uns plus riches, les autres moins; il y en à trente six.
Le couvercle de chacun est une pierre monolithe que l'on
n'a pu soulever qu'à grand'peine. On choisissait toujours
pour le diviniser un bœuf blanc, étoilé au front.

Mais il fait très chaud dans ces galeries, nous sommes heureux de revenir au grand jour. Chacun enfourche
son baudet et on retourne au galop vers le Nil, au moment d'un magnifique coucher de soleil.

Le soir, le bateau est amarré à Ayat, d'où il repart
le lendemain au point du jour.

Cette journée du 14 est un repos complet à bord.
Chacun s'installe confortablement sur le pont, les uns

lisant, les autres peignant, ceux-ci jouant aux cartes ou
arpentant le pont de long en large. On commence à faire
connaissance. C'est d'abord le Manager: Mr. Baglioni,
plein de bonhommie dans toute son énorme personne;

LA CHAISE A PORTEURS DE MAMAN

puis Mr. Nickolls Dunn, le docteur du bord, jeune homme
très bien élevé qui est le plus décoratif de l'équipage et
fait les honneurs du bateau. Beaucoup d'Anglais et d'Anglaises: le ménage Jarvis, lui très sympathique, mais très
humble devant sa femme qui a l'air d'un vrai dragon. Mr.
Rabitts, dont le père a fait fortune dans le commerce des
"Boots and shoes" ce qui permet à son rejeton de passer
l'hiver en fumant sa pipe sur un bateau du Nil. Messieurs
Bacon et Smith, dont l'aspect mélancolique nous fait supposer qu'ils ont laissé leurs cœurs au Caire. Des jeunes

filles très gentilles: les miss Wrightson et Birnie, cette
dernière, pleine d'entrain, semble ne penser qu'à son bon
plaisir. D'autres jeunes filles: Miss Malcolm Kerr et Miss
Maddock, mais celles-ci ont déjà mis plus d'une épingle à
la coiffe de St. Catherine, ce dont elles n'ont pas l'air
de se préoccuper beaucoup et ce qui n'a en rien aigri
leur caractère. Ce sont peut-être les plus gaies et les plus
avenantes du bord. Amies intimes, elles charment les tris-
tesses de leur célibat en faisant à elles deux un long et
magnifique voyage; Miss Maddock, la plus alerte, adresse
à chacun un sourire et un gracieux regard de ses jolis
yeux bleus; entre temps elle brosse avec conviction
des aquarelles devant tous les points de vue. Sa compagne,
Miss Malcolm Kerr, plus lourde et plus âgée, n'est pas
moins sympathique; nous devenons bientôt tout à fait
amies avec elle; Louis surtout gagne ses bonnes grâces, se
fait son chevalier servant et c'est l'aurore d'une idylle qui
pourrait devenir inquiétante. Puis c'est la famille améri-
caine: M. et Mrs. Fox et leurs filles Béatrice et Fannie,
un quatuor des plus comiques; tous petits, lui avec des
yeux de myope à demi-ouverts derrière de grosses lunettes, et une voix tellement nasillarde qu'on croirait qu'elle
sort d'un mauvais phonographe; elle, aussi large que haute,
semblant rouler quand elle marche sur le pont, mais la
meilleure femme que la terre ait portée et un air tout
à fait accueillant; à leur suite les fillettes avec les cheveux relevés par d'immenses nœuds en forme de pa-
pillon; l'aînée, de notre âge à peu près, a hérité des
yeux de son père, elle nous écorche les oreilles avec
son français d'outre-mer; la petite, une vraie souris, ba-
varde sans discontinuer et nous dévoile sans s'en douter
l'amour des siens pour leur argent. Mais en définitive c'est
une famille de braves gens, des Juifs sans doute. Comme
Français, un couple seulement: le Vicomte et la Vicom-

tesse de Galember, tous deux très sympathiques. Ajoutez
à cela encore plusieurs autres passagers et vous aurez un
aperçu des habitants du Ramsès, the Great, en montant
vers Assouan. Mais il ne faut pas omettre de présenter les
deux drogmans. Mohamet, un ancien du métier, connu de
tous les touristes ; très grand dans sa tunique d'Arabe,
avec une grosse tête de bouledogue où les yeux disparais-

LE NIL : UN ENTERREMENT SUR LA RIVE

sent comme deux petits points ; il donne les explications
en anglais, d'une voix stridente de commandement en y
ajoutant des mots d'esprit à sa façon. Chaque soir au
dîner il apparaît dans la salle à manger pour exposer
le programme du jour suivant ; il débite son discours, très
difficile à comprendre d'ailleurs et que les touristes accueil-
lent avec des rires et des applaudissements. L'autre drogman, George Gatasse, parle en français ; très soigné de sa
personne, très poli et très sûr dans ses explications il
est toujours avec nous et ne nous quitte pas dans les
expéditions.

Donc, c'est un jour de repos. Que c'est agréable de voyager ainsi, sans aucun souci, n'ayant que la peine de regarder autour de soi pour voir des choses nouvelles et intéressantes. Les bords du Nil ne peuvent être comparés à aucun bord des fleuves d'Europe : ici le paysage est plutôt triste, mais grandiose et captivant. Ce sont des étendues de sable à perte de vue, piquées de bouquets de palmiers. Tout à coup la rive devient une falaise énorme, puis voici des champs cultivés, du blé, de la luzerne, de la canne à sucre, du coton, et surtout des champs de maïs hauts comme des roseaux et d'une autre espèce que ceux de nos pays. Maintenant voici des arbres : ce sont des forêts de palmiers où se mêlent les acacias et les gommiers aux branches contournées. Sur les petits

PETIT ARABE SE LAVANT

sentiers qui bordent le fleuve cheminent des Arabes, des ânes, des chameaux. Le long de la berge nous voyons des puits primitifs où des hommes sont occupés à élever l'eau dans des seaux en cuir. De loin en loin, un barrage, puis une lagune de sable où s'ébattent des oiseaux que nous reconnaissons avec la lunette : ce sont des aigles, des

vautours, des bandes de canards, de hérons, de flamands
et d'ibis. Le commandant ayant donné à papa l'autorisation de tirer, celui-ci envoie dans leur direction un coup
de révolver et il s'élève un vrai nuage d'oiseaux dans le
ciel. Mais cela provoque l'indignation de Mrs. Jarvis qui
fait ses observations sur le ton aimable qui lui est ha-
bituel; serait-elle par hasard de la société protectrice des
animaux? D'ailleurs papa n'attentait pas à leur vie, la

LE NIL: UN PAYSAGE

distance à laquelle il les a tirés le prouve assez, c'était
seulement pour mieux les voir, en les faisant s'envoler.

Nous passons devant des villages arabes, enfouis dans
des bosquets de palmiers avec leurs étranges maisons
en terre battue. Un cimetière arabe, dont chaque tombeau est un amoncellement de terre; on dirait de loin
un champ couvert de gigantesques taupinières. Mais nous
voyons aussi des villes plus propres et mieux construites.
Beaucoup de fabriques de sucre et de coton.

Le soir, au coucher du soleil tout le pont se met en
branle: chacun se promène avec volubilité. Et cette heure
de la journée que nous avons déjà tant admirée à terre,

a sur le Nil un charme incomparable. L'eau prend les teintes les plus inattendues, les montagnes au loin deviennent mauves, puis roses. Les bateaux qui passent près de nous comme de grandes ombres muettes, se reflètent dans l'eau avec une netteté surprenante. Ces bateaux à voile qui parcourent le Nil, sont un des ses principaux ornements. Ils sont si coquets, si gracieux avec leurs grandes voiles blanches qui semblent des ailes

LE NIL: UNE RIVE

d'oiseaux! Quand ils vont par groupes, dix ou douze dans l'eau calme, c'est un coup d'œil ravissant. Beaucoup font des transports très importants. Ils passent à côté de nous bourrés de coton, de poteries, de denrées, même d'ânes serrés comme des harengs.

Quand la nuit est venue et que la lune brille au ciel, c'est un autre spectacle et un autre charme. Ici les astres ont un éclat plus vif qu'ailleurs; ils semblent se détacher complètement du ciel sombre. — Nous passons devant Beni-Suef, la principale ville de la province et le soir nous atteignons Maghâgah où le steamer fait escale pour la nuit.

———

LE NIL, 15 décembre — 3ème jour.

Dans la matinée nous passons devant une ville arabe très populeuse, appelée Minîéh; et immédiatement après le lunch, excursion à âne.

C'est Béni - Hassan l'un des sites archéologiques les plus importants par les tombeaux qui s'y trouvent. Nous traversons un grand désert de sable où il fait horriblement chaud; heureusement que maman a adopté la chaise à porteurs, elle est ainsi traînée comme

LE NIL: DES BATEAUX

dans un palanquin par quatre Arabes. Nous entrons dans une grotte fort peu intéressante qui était dédiée aux chats honorés comme dieux. On les momifiait et on les gardait dans cette grotte où on a retrouvé un nombre incalculable de momies qu'on a transportées à Liverpool.

Nous voici galopant vers les tombes; il nous faut encore cavalcader pendant vingt minutes au bas de la montagne, puis faire à pied une ascension très fatigante pour arriver à des tombeaux d'officiers et de généraux. Ils sont au nombre de quinze, mais nous en voyons seulement quatre dont le principal est un spécimen du genre dorique, avec de superbes colonnes en fleur de lotus.

Nous revenons par le même chemin en traversant les ruines du petit village de Béni-Hassan qui a été détruit par ordre de Méhémet-Ali, car ses habitants étaient tous des voleurs.

UNE CARGAISON DE CRUCHES

LE NIL-ASSIUT, 16 décembre.

Pendant le lunch nous apercevons un grand barrage qui traverse tout le Nil. Nous quittons le repas pour voir notre bateau s'engager dans le passage. On ouvre de grandes portes de fer, mais le pilote calcule mal son affaire et l'avant du bateau touche un peu contre la maçonnerie. Il faut que les Arabes du bord se mettent tous à l'ouvrage pour repousser le bateau, ce qui ne se fait pas sans peine et sans tapage, car les Orientaux qui crient pour des riens, ne s'en font pas faute quand ils trouvent une bonne occasion. Enfin nous voilà passés et nous sommes à Assiut! — la première et la plus importante ville de la Haute-Egypte.

CIMETIÈRE D'ASSIOUT

Il faut nous hâter, car les ânes sont là qui nous attendent. Les ânes de Sioût grands, vifs et bons trotteurs passent pour les meilleurs de l'Egypte. C'est magnifique, ces excursions préparées d'avance, où tout se trouve prêt comme sous la baguette d'une fée.

On se rend jusqu'au pied de la montagne, mais la route est assez bonne et maman a pu avoir une voiture. Elle y reste même tranquillement installée pendant que nous faisons l'ascension. D'abord jusqu'à la tombe du loup sacré, puis tout en haut à celle de Merikarâ, roi de la 36 éme dynastie. Mais ce que nous trouvons de plus intéressant c'est la vue superbe que, de la Nécropole, on découvre sur toute le vallée du Nil. Par endroits le terrain est tout ondulé comme des vagues, dues aux crues

UNE DAHABIEH

du Nil; un peu à gauche, Assiut, tout blanc sous le soleil, et le grand cimetière arabe qui a l'air d'une seconde ville avec toutes les coupoles de ses monuments.

L'importance du pays date du temps des caravanes qui venaient directement du Soudan à Assiut. Les habitants allaient les rencontrer à mi-chemin et achetaient presque pour rien leurs marchandises. Dans le tombeau, on nous vend des bandelettes qui ont entouré les momies; elles doivent être effectivement très vieilles, car à peine les

touche-t-on qu'elles se déchirent. Au retour, nous traversons la ville pour voir les bazars. Ce sont des rues
couvertes, assez sales et encombrées, à peine pouvons-
nous avancer. On nous offre de tout. Les marchands
nous poursuivent jusque dans la rue. La spécialité du
pays, ce sont les écharpes en tulle de soie, brodées d'or
ou d'argent par les femmes indigènes qui font cela à la

VILLE D'ASSIOUT: LE DÉBARCADÈRE

main. Elles sont très jolies ces écharpes, tous les touristes en achètent, mais nous nous réservons pour le
retour.

Le Ramsès the Great a pris d'autres passagers, c'est
une bande d'Américains: un oncle et ses nièces; puis
un ménage anglais peu sympathique, la femme aussi bien
que le mari paraît aimer fort les apéritifs et ils ne sont
pas depuis longtemps à bord qu'on les a déjà baptisés:
Mr. and Mrs. Whisky.

ASSIOUT : PLACE DU MARCHÉ

4

LE NIL, 17 et 18 décembre
5ème et 6ème jour.

Ces deux jours-ci il n'y a pas d'excursions, mais nous ne nous ennuyons pas pour autant. Nous avons assez d'occupations : nous travaillons, nous écrivons, nous nous promenons sur le pont, ou bien nous restons assis dans ces chaises confortables à regarder le tableau charmant des rives du Nil aussi belles que variées.

UN PAYSAGE DU NIL

Parfois le soir, à l'heure de la prière, on aperçoit à genoux sur son manteau, un Arabe invoquant Allah ; dans ce moment — là, rien ne peut le distraire ; immobile, les yeux fixés par terre, il a l'air d'une vraie statue. Plus loin, c'est la silhouette gracieuse d'une femme puisant l'eau dans son amphore ; sa cruche sur la tête, elle s'arrête pour nous voir passer et elle fait songer à la scène biblique de Rébecca à la fontaine.

Nous nous amusons maintenant bien davantage depuis que nous avons fait entière connaissance avec les passagers. Il y a bal ce soir, bal auquel, nous ne prenons part qu'en spectateurs, car on danse ces horribles quadrilles anglais qui ressemblent plutôt à un tourbillon qu'à une contre-danse. Louis seul s'y joint et ne s'en tire pas trop mal.

Le dimanche après-midi il y a au salon une exposition des peintures que ces dames ont faites sur le Nil; il y en a d'assez réussies, mais d'autres!...

Comme dans ce jour les protestants ne peuvent ni jouer du piano, ni danser, nous allons tous à l'avant du bateau pour jouir du clair de lune qui, comme toujours, est magnifique.

DENDORAH, 19 décembre — 7ème jour.

A sept heures nous sommes déjà levées, habillées, car le déjeuner est à 7 h¹₂. Les ânes nous attendent sur la berge: ils sont très bons et dans une galopade furieuse ils nous entraînent à travers des champs cultivés faisant face à Qénèh, le village sur la rive droite. Nous passons dans un champ de maïs haut de plusieurs mètres, c'est très amusant!

Au flanc de la montagne, voici le fameux temple de Dendorah, dédié à la Vénus égyptienne: la déesse Hathor. C'est un des monuments de l'antiquité les mieux conservés.

La salle d'entrée, ou pronaos, nous frappe d'admiration. Elle contient dix-huit colonnes immenses, ornées d'hiéroglyphes. Chacune est terminée en haut par quatre têtes de la déesse, regardant les quatre points cardinaux. Tous les murs du temple, les couloirs, les moindres coins, sont couverts de ces hiéroglyphes si bien sculptés, ayant tous une signification.

Nous pouvons reconstruire par la pensée le temple tel qu'il était autrefois. La salle des colonnes était le lieu où se tenait le peuple pendant les sacrifices ; puis venait une seconde salle pour les officiers et les princes ; puis le Saint des Saints pour les grands prêtres et les offrandes. On exposait celles-ci sur une table aux pieds de la statue de la déesse. Cette cérémonie avait lieu trois fois par an ; on y apportait toutes les denrées de l'Egypte et même des prisonniers.

Il y avait aussi, autour du Saint des Saints, des chambres mystérieuses où les grands-prêtres cachaient les offrandes précieuses. — On donne des bougies pour aller dans la crypte, c'est là qu'on gardait les statues des dieux ; mais cette visite est des plus comiques : on descend d'abord un petit escalier sombre et on arrive

TEMPLE DE DENDORAH: LA TERRASSE

devant une porte, ou plutôt une ouverture où on ne peut entrer qu'à plat-ventre. Par-dessus le marché, il y a un rebord comme à une fenêtre, et le couloir où on accède ainsi tourne brusquement à droite par un escalier ; c'est un vrai casse-cou. Aussi, quand nous avons fait le tour de la crypte et que nous sommes revenus à la lumière,

nous restons à regarder les autres touristes opérer leur
entrée avec les cris des Misses et les rires des gentlemen.

On nous conduit par des escaliers très doux, au-dessus
du temple, pour avoir une vue générale. On voit encore
de chaque côté les décombres énormes de la terre qu'il
a fallu enlever pour déterrer le temple, car il était complètement sous terre, et même un village arabe avait été

TEMPLE DE DENDORAH

construit par-dessus. Ce temple a deux mille deux cents
ans ; plusieurs rois y ont ajouté certaines parties et on
retrouve leurs cartouches dans les bas-reliefs.

A l'extérieur il y a une statue de Cléopâtre, la grande
reine.

LE NIL – LUXOR.

Au retour de l'excursion, pendant le déjeuner, le
"Ramses" par une fausse manœuvre s'enfonce de l'avant

dans le sable. C'est un vrai branle-bas dans la salle à manger, tout le monde quitte ses places. Les marins sont obligés d'aller jeter l'ancre un peu plus loin pour refluer le bateau.

Vers 5 heures, au coucher du soleil, nous arrivons à Luxor. Le coup d'œil est magnifique : au fond, les ruines de Karnak; plus près les colonnes du temple de Luxor, puis les hôtels éclairés à l'électricité. Le bateau stoppe car nous allons passer ici trois jours. Déjà le soir, nous faisons un petit tour à terre et nous nous fournissons d'un grand nombre de cartes postales.

— — —

LUXOR, 20 décembre — 8ème jour.

Le temple de Karnak, le plus important et qui constitue avec celui de Luxor les derniers vestiges de l'ancienne Thèbes, capitale de l'empire égyptien, sur la rive droite, sera aujourd'hui de but de notre promenade. Ce sont des ruines imposantes par leur grandeur et leur ancienneté. Elles occupent mille hectares entourés d'un mur d'enceinte en briques crues et qui avait dix mètres de largeur. On y accède par une avenue d'un kilomètre, bordée autrefois par des sphinx dont il reste encore des vestiges.

Le premier temple que l'on atteint en venant de Luxor est celui du dieu Khonsou, dieu lunaire. Devant la cour d'entrée se trouve un grand portail de granit, décoré d'hiéroglyphes. Les tableaux qui garnissent l'intérieur du temple sont les ordinaires scènes d'adoration et d'offrande aux divinités de Thèbes. Ce qu'il y a de plus remarquable ce sont les colonnes en fleurs de lotus qui soutiennent la voûte. Celles qui sont placées près des fenêtres ont la forme du lotus ouvert, tandis que les colonnes dans l'ombre représentent la fleur fermée. Chaque dieu a son animal sacré ; ici c'est le bélier dont on retrouve des têtes partout. Ce temple a plus de trois mille ans.

KARNAK : L'ALLÉE DES SPHINX

Nous reprenons les ânes pour aller au grand et majestueux temple d'Amon. C'est le dieu de la résurrection, voilà pourquoi son temple est situé au soleil levant. De l'autre côté du Nil ce sont les temples de la mort, du côté du soleil couchant.

L'allée principale est bordée de sphinx en assez bon état. Deux grands murs encore debout sont formés d'énormes blocs de pierre ; aussi pour les construire, les anciens Egyptiens employaient la méthode des plans inclinés. La cour est très vaste et conduit au centre du temple, dont nous voyons de là les belles allées de colonnes. A droite de cette cour, un temple construit par Ramsès III. Tous les piliers sont une statue du roi lui-même portant inscrit, en hiéroglyphes, le mot "Dieu bon", car il

KARNAK: L'OBÉLISQUE DE GRANIT ROSE

croyait qu'après cette vie il serait divinisé pour la bonté.

Nous montons sur un pylône d'où l'on découvre tout le temple. Rien ne peut rendre l'impression que fait cet amoncellement de pierres écroulées, de colonnes encore fermes, d'obélisques décorés . . . que de grandeurs sont là à nos pieds! Et c'est le symbole de la foi de ces peuples en une autre vie; c'était cette confiance qui leur faisait entreprendre ces travaux gigantesques. Dès qu'un roi était nommé, son seul souci était pour l'autre vie; il se l'imaginait à sa façon, la désirant aussi glorieuse que possible. De là ce besoin de construire, pour cette seconde vie, des temples où il serait dieu et où tout parlerait de son pouvoir, de sa richesse, de sa grandeur. D'ailleurs, on ne trouve pas sur cette terre égyptienne des ruines d'anciens palais, il est donc à supposer que ces grands rois vivaient simplement; toute leur pensée était pour la vie qu'ils devaient vivre après leur mort.

La grande salle que l'on aperçoit depuis la cour, offre un spectacle tout à fait imposant; c'est une vraie forêt de colonnes; il y en a 134, celles du milieu vont jusqu'à 23 mètres de haut avec 10 mètres de circonférence; sur le chapiteau supérieur peuvent tenir 50 personnes.

Nous continuons la visite, émerveillés par les hiéroglyphes, les anciennes peintures encore si bien conservées. Nous admirons surtout les sanctuaires des barques sacrées.

Au sortir de la salle des colonnes nous nous arrêtons devant deux obélisques en granit rose. Le plus grand surtout nous frappe. Il a été érigé par la reine Hatshepsitou dont son frère Thoutmôses III était furieusement jaloux; devenu roi, il voulut détruire tout ce qui rappelait la splendeur de sa sœur. Mais l'obélisque ayant été dédié aux dieux, il ne pouvait y toucher; il eut alors l'idée de l'entourer d'un mur énorme pour le masquer aux yeux de tous. Au temps des fouilles ce mur a été démoli et l'obélisque est apparu parfaitement conservé.

Plus à gauche, nous visitons un petit temple en si bon état, qu'on peut voir toutes les divisions telles qu'elles étaient. La statue du dieu a une tête de lion et les Arabes croient que c'est lui qui mange les enfants qui viennent à disparaître.

LUXOR: COLONNADE DU TEMPLE

Nous revenons le long du lac sacré où se faisait la procession de la barque du dieu, conservée dans le Saint des Saints. Près du temple est un champ où l'on vient de faire cette année même des découvertes importantes; des statues et des vases en bronze qui ont été envoyés au musée. Nous traversons par le village arabe; sur la grande place se tient une foire où nous voyons une grande quantité de chameaux et même des chameaux tout blancs amenés par des Matabels d'aspect féroce, dont le costume se réduit à des étoffes drapées et des plumes de couleur.

L'après-midi nous visitons le temple de Luxor. Il est aussi très beau avec ses hautes colonnades et les grandes statues de Ramsès, colossalement grandes. Quelques basreliefs, des peintures et des colonnes écroulées, voilà tout ce que nous admirons dans notre visite au temple. Au coucher du soleil, nous voyons un mouezzin annonçant la

TEMPLE DE LUXOR: RAMSÈS II ET SA FEMME

prière. Rien de plus pittoresque que ce haut minaret avec le "Mouezzin" les deux bras étendus, faisant ses invocations à Allah. — Puis voilà la place d'où fut enlevé l'obélisque de la Place de la Concorde à Paris, et son pendant qui appartient aussi à la France. Il est très finement travaillé; c'est étonnant qu'un peuple aussi arriéré que les Arabes d'aujourd'hui ait été autrefois si instruit et si intelligent.

Le soir, comme le clair de lune y est propice, nous allons voir son effet sur le temple de Karnak. C'est vraiment heureux que nous puissions le revoir sous cette lumière magique: les ombres sont plus marquées et les ruines ressortent davantage; mais cependant la plupart des trous et des imperfections disparaissent, l'œil n'étant plus

LUXOR: LA MOSQUÉE

retenu par les détails, les perd de vue et c'est l'ensemble de ce grand temple qui frappe le spectateur. C'est alors surtout qu'on se rend compte de l'importance et de la grandeur de ces décombres et, l'imagination aidant, on revoit debout ces splendides édifices que la foi d'un grand peuple avait élevés.

LUXOR, 21 décembre — 9ème jour.

Nous traversons le Nil de très bon matin. Là, sur le sable nous attendent les ânes. On arrive, après une heure et demie de marche, au premier temple qui est celui de Qournah. Il est tout tombé en ruines; dans chaque trou, chaque fente il y a un nid de moineaux, et rien n'est plus gracieux que de les voir voltiger parmi les pierres écroulées et sortir leurs petites têtes curieuses pour nous regarder passer.

TEMPLE DE GOURNAH

De là nous prenons le chemin de la vallée qui conduit aux tombeaux des Pharaons; la grande nécropole thébaine. Cette route est jolie quoique triste, partout des pierres et des rochers sans aucun arbre, aucune plante. Il fait une chaleur accablante tandis que nous nous élevons sur le flanc de la chaîne des montagnes Libyques où sont creusés les tombeaux. Nous en visitons quatre; à l'intérieur la chaleur ne fait que s'accroître, mais on oublie

ses peines devant de telles curiosités. Tout est très bien
conservé; la peinture, chose rare, est parfaitement intacte.
Le relief des figures assez accentué, les traits fins et bien
dessinés nous révèlent avec quelle minutie on travaillait
dans ces temps-là! Le plus intéressant des tombeaux est
celui d'Aménôthès II. Il est profond de 40 mètres; après
une suite de corridors creusés dans le roc, on se trouve
dans une petite chambre parfaitement conservée, toute

THÉBES: ANCIENNES MEULES

peinte, sans un unique détail abîmé, sans la plus petite
éraflure. Au fond, baigné par la lumière électrique (car
maintenant, tous les tombeaux sont illuminés de cette manière) se trouve un sarcophage de marbre, sculpté et
peint, et couchée dedans ... la momie du roi Aménothès II,
absolument intacte. Il se doutait bien peu, au moment de sa
mort, que trois mille et quelques années après, une troupe
de touristes, Baedeker en mains, viendrait contempler
son corps noirci et durci par le temps. Et cette momie,
que la moindre chose réduirait en poussière, c'est le reste

5

d'un grand roi craint et respecté par tout un peuple et
qui croyait devenir bientôt un grand dieu. A côté, on
nous montre trois autres momies des domestiques du pharaon, l'une est une femme la tête encore couverte de
longs cheveux.

De là nous nous rendons au tombeau de Séti 1er
le plus remarquable de tous ceux de Thèbes.

Nous avons encore beaucoup de chemin à faire avant
d'arriver au Châlet Hatasu où nous devons déjeuner.

THÈBES: RETOUR DE LA NECROPOLE

Nous nous hâtons de grimper, à pied, bien entendu, les
côtes escarpées de la montagne; en haut nous reprenons
les ânes. De là on a une jolie vue sur la vallée que
nous avons parcourue tout à l'heure et plus loin sur la
vallée du Nil. La descente est horriblement difficile, nous
sommes obligés de quitter nos montures et de marcher
dans cet effrayant sentier. Maman, qui est un peu malade, n'est pas venue, elle est restée à bord du Ramsès avec
Mademoiselle Jeanne et elle a bien fait, jamais elle n'aurait
pu passer par ces chemins fatigants. Nous arrivons enfin

THÈBES: LE RAMESSÉUM

au Châlet Hatasu, mais il est très tard et nous avons grand'faim. Le déjeuner froid est exquis, nous le dévorons comme des affamés, puis nous allons nous reposer de nos fatigues en attendant l'heure de se remettre en route. Mais Luiz est très distrait et nous le taquinons sur l'objet de ses distractions.

Une heure après nous visitons le temple de la reine Hatasu qui a des bas-reliefs assez curieux. Nous reprenons le chemin du steamer et passons à quelque distance des statues colossales de Memnon.

LUXOR, 22 décembre — 10ème jour.

Maman étant encore un peu fatiguée, elle préfère rester à bord avec Miss Berthe, tandis que nous allons faire l'excursion jusqu'au Ramesséum.

Nous traversons le fleuve et prenons le même chemin que la veille, toujours accompagnés de deux soldats qui ne nous quittent jamais pendant les excursions. Après une galopade endiablée, notre caravane atteint bientôt son but: c'est le temple de Ramsès II ou Ramesséum. Cambyse, roi des Perses, le détruisit. Au milieu de la cour gît la statue de Ramsès; c'était la plus grande qui existât en Egypte. Notre drogman nous explique comment on cassait ces énormes blocs de pierre, alors que la dynamite n'était pas encore connue. Voilà comment ils s'y prenaient: ils faisaient une légère entaille dans la statue ou la colonne à casser, et introduisaient dedans un morceau de bois de sycomore, qu'ils imbibaient d'eau; le bois en se dilatant faisait éclater la pierre.

En sortant du temple, nous voyons les greniers où Joseph entassa les récoltes qu'il réservait pour les sept années de disette et de famine. Ces greniers sont construits en terre crue et en forme de voûtes. On dit souvent que la voûte n'est employée en bâtisse que depuis peu de siècles ; c'est une erreur, car les anciens Egyptiens la connaissaient déjà et s'en servaient souvent dans leurs constructions.

Rien de plus vrai quand on dit que l'Egypte est le berceau de la civilisation ; ses habitants avaient beaucoup de connaissances dont nous avons profité, en les perfectionnant c'est vrai, pour nos autres inventions. Malheureusement les Egyptiens d'aujourd'hui sont ignorants et

THÈBES : VERS LE RAMESSÉUM

n'ont pas, je crois, l'intelligence de leurs ancêtres.

Nous repartons sur nos baudets, pour nous arrêter peu après près du tombeau particulier de Nakht, où les peintures, très bien conservées, représentent la culture des champs, le labourage et les récoltes.

Un autre tombeau, que nous voyons plus loin, celui de Rekhmara, nous intéresse particulièrement. Les peintures représentent le jugement dernier. Osiris, dieu de

la justice, juge le mort. La déesse Isis tient la balance
dans laquelle sont placés: d'un côté le cœur du mort et
de l'autre une plume d'autruche. Si le cœur se trouvait peser plus que la plume, le jugé était dévoré par un
fauve enchaîné aux pieds d'Osiris. Un singe, l'emblème
de la vérité, est là sur la balance veillant à ce qu'on ne
triche pas au pesage. C'est très original et les couleurs
sont fort bien conservées.

En revenant nous nous arrêtons encore dans le grand
temple de Deir-el-Médînèh construit par Ramsès II à sa

THÈBES: LE GRENIER DE JOSEPH

propre mémoire. Quelques statues, des colonnes, beaucoup de bas-reliefs et des murs plus ou moins écroulés,
voilà ce qui constitue le temple. Il diffère des autres par
ce qu'il a deux étages, ce qui ne se voit guère dans les
monuments de ce genre.

Au retour nous passons à côté des colosses de Memnon, que nous avions aperçus la veille. Ces statues sont
brutalement grandes et c'est fantastique de penser comment
on a pu sculpter et transporter ces colosses. On prétend

qu'autrefois, lorsque la pierre dont ils sont faits commençait à s'échauffer aux premiers rayons du soleil, elle rendait un son musical. Ils représentent l'un et l'autre le roi Aménothès III et se trouvaient à l'entrée d'un temple aujourd'hui complètement disparu.

23 décembre — 11ème jour.

A quatre heures du matin le steamer quitte Luxor. Nous avons une première excursion à 9 heures au temple

THÈBES: LES COLOSSES DE MEMNON

d'Esnèh. Comme c'est très près, nous nous y rendons à pied; ce temple était dédié à Latos; on n'en a déterré encore qu'une partie qui est fort belle; c'est le pronaos où l'on accède par un grand escalier; les 24 colonnes de cette superbe salle se terminent en fleurs de lotus et en palmiers; mais la visite est courte. Nous nous promenons un peu dans le village qui est horriblement sale et populeux.

A deux heures de l'après-midi le "Ramsès the Great"
s'arrête à Edfou. Là des ânes nous attendent et après
de grandes difficultés pour se procurer une monture à
son choix, chacun part au galop. On traverse Edfou, cité
très sale où les indigènes sont repoussants de laideur et
de malpropreté, mais où le cachet oriental est assez prononcé. Peu de minutes après nous atteignons le temple,
élevé en l'honneur du dieu Horhoudit. Construit sous

VILLE D'EDFOU: LE MARCHÉ

un des Ptolémées, ce temple fut érigé deux cents ans
avant Jésus-Christ; pour nous, qui depuis dix jours ne
voyons que des monuments de près de quatre mille ans,
nous trouvons que celui-ci est une jeunesse; et pourtant
deux mille cent ans c'est déjà quelque chose! Il y a
d'abord la grande cour à colonnades où se tenait la
foule pendant les sacrifices; puis viennent ensuite deux
salles tout à fait comme celles des autres temples, et
enfin le Saint-des-Saints. Celui-ci très bien conservé
a encore une espèce de tabernacle où l'on gardait la

statue du dieu. Nous visitons les chambres mystérieuses ;
tout le temple était entouré d'un haut mur d'enceinte. Les
bas-reliefs représentent la guerre du roi Ptolémée avec
son frère Seth ; celui-ci, comme étant très fort, est figuré
sous la forme d'un hippopotame ; on voit plus loin des
bateaux montés par le roi qui tient à la main une lance,
dont il perce le pauvre Seth-hippopotame.

TEMPLE DE DEIR-EL-MEDINÈH

Les anciens Egyptiens adoraient un nombre infini de dieux ; un des principaux était le dieu-Nil dans la puissance duquel la croyance était très grande. Quand il était content, il montait très haut pour fertiliser les champs ; quand il était fâché au contraire, il se desséchait. Quelle foi avaient ces peuples ! et dire que tous ces édifices étaient érigés pour de faux dieux ! que c'étaient de froides statues de pierre qui habitaient ces temples magnifiques, tandis que Notre-Seigneur habitait une étable !

Nous regagnons le steamer, harassés de fatigue et couverts de poussière.
Le Ramsès quitte Edfou pour passer la nuit le plus en
avant possible vers le sud.

TEMPLE DE KOMOMBO

Pendant la matinée, nous traversons la gorge de "Sil-silèh", formée par le rapprochement de deux montagnes au bord même du fleuve. A Kômombo, vers 10 heures, le bateau s'arrête et nous allons, à travers des champs de ricin et de mimosas, jusqu'au temple récemment découvert par Mr. de Morgan. C'est un temple duplex: un des

VILLE D'ESNÉH: LE DÉBARCADÈRE

côtés est dédié à Sobq, le dieu de l'obscurité, à tête de crocodile, et l'autre à Horus, le dieu du jour, à tête d'éper-vier. Les bas-reliefs sont remarquables.

Au retour, nous prenons la photographie de plusieurs Bicharis et Ababdèh. Leurs traits sont assez fins, mais leur chevelure est des plus curieuses: les cheveux sont divisés en plusieurs centaines de nattes, enduites de boue et de graisse en guise de cosmétique. Leurs vêtements sont primitifs à l'excès; quelques-uns même n'ont qu'un caleçon de vieille toile. Ils nous assaillent pour nous vendre leurs colliers, leurs coutelas, des scarabées qu'ils disent véritables mais qu'ils fabriquent eux-mêmes dans leurs cabanes.

Tout de suite après le déjeuner nous nous installons sur le pont pour voir l'arrivée à Assouan; à ce moment le spectacle est vraiment féerique: divisant en deux bras la belle nappe du fleuve, semblable à celle d'un lac, une île verdoyante forme le centre du tableau: c'est l'Eléphan-

ENVIRONS DE THÈBES: UNE HALTE

tine; sur le bord du fleuve, la ville d'Assouan s'étage presque en amphithéâtre. Elle nous paraît jolie et propre, mais nous irons la voir plus tard. Aussitôt que le navire est amarré nous nous installons directement dans un petit bateau et comme le vent souffle du bon côté, après avoir tendu la voile, les rameurs se mettent à chanter et à danser, accompagnés par un petit indigène qui frappe de toutes ses forces sur une espèce de tambourin. C'est une musique étrange, sauvage, pas précisément très mélodieuse. La traversée d'ailleurs n'est pas très longue; en cinq minutes nous sommes sur l'autre rive et débarquons dans l'île Eléphantine, ainsi nommée parce que c'était là où jadis se faisait un grand commerce d'ivoire.

Nous visitons d'abord un Nilomètre, sorte de puits destiné à marquer la hauteur des eaux du Nil. Nous voyons aussi quelques vestiges d'un temple, mais toute la principale partie de l'édifice est maintenant disparue.

Nous traversons les villages des Barbarins, habitants de l'île; villages horribles de malpropreté et de misère. Les femmes et les enfants sont repoussants; la grande mode, l'unique coquetterie qu'elles se permettent c'est de peindre leurs lèvres et leurs gencives en indigo, d'autres même se tatouent les mains et la figure.

TEMPLE DE DEIR-EL-MEDINÈH

C'est surtout drôle de voir des femmes à moitié vêtues de guenilles, portant toutes sortes de bijoux en métal et en verroterie; le cou est couvert de colliers, les oreilles et le nez sont percés de boucles et d'anneaux, les bras et les jambes sont cerclés de bracelets.

Nous tirons en photographie un groupe de ces horribles sauvagesses et revenons prendre thé sur le steamer.

Nous redescendons bientôt pour aller visiter les fameux bazars d'Assouan; ils sont très curieux et chose rare, pas trop sales. C'est inouï la quantité et la diversité d'objets contenus dans ces petites boutiques où une personne peut à peine se retourner. Les touristes sont char-

BARBARINES DE L'ILE ELEPHANTINE

més devant un spectacle si typique et achètent (nous aussi naturellement) de nombreuses curiosités. Luiz choisit des amulettes pour offrir à sa Miss Malcolm-Kerr. Décidément cela devient sérieux, car elle-même lui a fait cadeau d'un collier en pierres de couleur.

Les indigènes sont assez beaux, il y a même des types réussis. Ce sont des Nubiens, car nous atteignons déjà les limites de la Nubie; ils sont d'une race bien plus jolie que les Arabes que nous avons vus jusqu'ici, et surtout beaucoup plus fiers; ils n'assaillent pas les étrangers comme à Luxor pour avoir un "bakchich". Ils sont noirs comme du café, alors que le teint arabe est plutôt clair; leurs cheveux surtout sont extraordinaires, ils ont une vraie forêt sur la tête.

ASSOUAN, *Jour de Noël,*
25 décembre.

C'est aujourd'hui la fête de Noël et c'est la première fois que nous la passons hors du Portugal. Le matin en montant sur le pont, nous le trouvons tout garni de branches de palmiers auxquelles sont pendues des oranges, des mandarines et des papillotes. Tous les passagers se rencontrent pour se souhaiter le Merry Christmas traditionnel.

Nous allons à la grand'-messe de 10 heures; messe si jolie que nous ne l'oublierons jamais. Il y a surtout un amour de sacristain, un petit nègre, qui est gentil comme tout avec ses gros yeux dont le blanc ressort avec tant d'éclat. Des religieuses et des enfants chantent la messe et, pendant les intervalles, des musiciens venus du Caire jouent admirablement sur des violons et une harpe.

UN PETIT SAUVAGE

6

N'est-ce pas joli d'avoir une messe comme celle-là sur les confins de la Nubie?

Puis, nous allons visiter un village de Bicharis, ou plutôt un campement que cette tribu habite à l'est de la ville. Ce sont de fort beaux types, grands et svelte; ils ont de jolis traits et les membres bien faits. Ils portent les cheveux relevés de façon très extravagante. Les jeunes sont vraiment jolis, mais les vieillards sont effrayants; ils ont la figure très maigre, et la plupart, de grandes barbes blanches comme la neige, ce qui fait un drôle de contraste auprès de leur peau toute noire et ridée. Je n'aimerais pas à me trouver seule au milieu d'eux; ils me font peur, surtout lorsqu'ils brandissent leurs longues épées en grimaçant.

A KOMOMBO: DEUX NUBIENS

Nous y revenons l'après-midi pour assister à ce qu'ils appellent une "fantasia". C'est un simulacre de combat accompagné de sauts et de danses; les Bicharis sont tous armés de boucliers et d'instruments de guerre.

Auparavant nous étions allés prendre le thé au-dessus de la montagne. C'était là que Rotschild était venu s'établir pour soigner ses rhumatismes, et après sa cure il a vendu sa maison à un homme qui l'a transformée en bar.

Le soir, il y a un grand dîner de Noël sur le Ramsès. La table est toute garnie de fleurs et de plats montés. Au milieu, un grand gâteau s'élève en pyramides; on a piqué dessus les pavillons des différentes nations aux-

RAMSÈS THE GREAT LE JOUR DE NOËL.

quelles appartiennent les passagers. Il y a le drapeau portugais, naturellement; et au dernier moment on a dû en fabriquer un espagnol, car à Assouan nous prenons de nouveaux touristes, ceux qui reviennent de la deuxième Cataracte et retournent au Caire. C'est d'abord un jeune ménage français, les de Kerotern; le mari, un officier de cavalerie plutôt froid, elle gentille et très gaie et qui bientôt se lie avec nous. Puis un jeune homme seul, un Espagnol que nous remarquons dès son entrée à la salle à manger à cause de ses façons un peu timides qui rappellent celles de Louis: c'est Mr. Richard de la Huerta.

Quand on pense qu'on est au 25 Décembre! presque toute l'Europe doit être sous la neige et nous, avec nos robes légères nous n'avons pas froid. Après dîner nous jouons sur le pont et, quoique nos jeux ne soient pas bien mouvementés, nous avons tous une grande chaleur. La soirée se passe très gaiement, tout le monde s'affuble

ENVIRONS D'ASSOUAN: CAMPEMENT DE BICHARIS

de ces petits bonnets qu'on trouve dans les papillotes, et il y en a qui ont des têtes tout à fait réussies. Quant à Louis, il serait parfaitement heureux si sa chère Miss Malcolm-Kerr n'était partie ce matin pour Khartoum. Il est très triste, et elle aussi était bien fâchée de le quitter; mais elle a dit qu'elle espérait bien le rencontrer de nouveau et a fini en lui recommandant de ne pas l'oublier...

ASSOUAN, 26 décembre — 13ème jour.

Nous allons aujourd'hui à Philæ, le site le plus pittoresque et le plus enchanteur de la vallée du Nil; c'est l'île sainte, domaine de la déesse Isis.

Non loin de là nous verrons le grand barrage du Nil; ce sera une journée intéressante, mais comme le trajet est un peu long maman et Mademoiselle iront par le train.

Nous voici sur nos petits ânes galopant en plein désert; bientôt nous rencontrons des collines de granit et de pierres. Ici, aux environs d'Assouan c'est le gra-

ILE DE PHILAE: LA GRANDE COLONNADE

nit qui régne en maître; hier nous avons vu, de l'autre côté, une de ces fameuses carrières d'où est sortie la pierre qui a servi à élever ces monuments éternels.

Nous arrivons devant le Nil; des bateaux joliment aménagés sont déjà prêts pour nous emmener; en face de nous des palmiers dont le tronc est immergé, si bien qu'ils semblent sortir de l'eau. Plus loin se dessine le Temple de Philæ avec ses colonnes élégantes dont les pieds baignent dans l'eau. Autrefois, le Nil, suivant docilement son lit, passait bien bas et bien humble devant ce temple.

Mais depuis la construction du grand barrage, les eaux
ont monté et les édifices merveilleux de cette île de
Philæ sont destinés à disparaître. Quel dommage vraiment qu'une œuvre semblable ne puisse être sauvée! Mais
pour le moment cette eau bleue qui entre dans le temple,
qui circule entre les
colonnes, qui ne laisse
aux palmiers que la
tête libre, donne au
tout un aspect fée-
rique, on se croirait
dans une île enchan-
tée. C'est en bateau
que nous sommes
obligés de visiter le
temple dédié à la
déesse Isis et érigé
par un des Ptolémées,
deux cent cinquante
ans avant J-Christ.
Nous voyons la salle
où des bas-reliefs ra-
content la mort et la
résurrection d'Osiris.
Nous montons sur
un pylône pour avoir

ILE DE PHILAE: LE PAVILLON

une vue générale; de tout côté les hirondelles se croisent
au-dessus de nos têtes. C'est ici que nous faisons connaissance avec l'Espagnol; il paraît être un jeune homme
très bien élevé et de très bonne compagnie; il sympa-
thise tout de suite avec papa et Louis et ne nous quitte
plus pendant le reste de la journée.

Nous nous réembarquons pour aller au fameux barrage que les Anglais ont construit ces dernières années et

achevé en 1902. Ils ont dépensé des sommes énormes, mais ils comprenaient quelles richesses ce travail répandrait sur la terre d'Egypte. C'est un "dam" de 2 Kilomètres allant d'une rive à l'autre du Nil; de grandes ouvertures bordées de fonte sont fermées par des portes qu'un mécanisme savant fait mouvoir. Quand on les ouvre, le trop-plein du Nil se déverse de l'autre côté; la différence de niveau étant énorme et le volume de l'eau très grand, c'est une véritable cataracte qui se produit. D'ailleurs toute l'eau du Nil qui passe devant le Caire doit passer d'abord par ici puisque le fleuve ne reçoit aucun apport jusqu'à son embouchure. Nous parcourons le barrage sur des petits

PHILAE: LE TEMPLE D'ISIS

wagonnets poussés par des Arabes; ils nous arrêtent plusieurs fois sur des sortes de petits balcons d'où nous pouvons juger mieux de la force de la chute.

Quel admirable travail que cette digue! C'est certainement l'œuvre hydraulique la plus belle du monde!

Sur la rive gauche un canal maritime permet aux bateaux venant du Caire où y allant, de continuer leur navigation. Mais la différence de niveau étant énorme en cet endroit il a fallu installer six écluses à la suite les unes des autres; chacune est fermée par une porte puissante et mue par un mécanisme hydraulique. Justement nous voyons écluser deux bateaux de plaisance; l'un est monté par le prince de Battenberg qui va à la seconde cataracte.

ILE DE PHILAE: LES PYLONES DU TEMPLE D'ISIS

Cook a aménagé non loin du barrage un petit châlet où nous prenons un lunch froid. Nous restons longtemps sur la véranda à regarder l'eau se précipiter sous les portes et tomber en un bouillonnement formidable; le soleil produit des arcs-en-ciel dans l'eau de la chute et ce spactacle est ravissant.

Des bateaux nous attendent de l'autre côté des écluses car nous voulons rentrer à Assouan par eau, en descendant le Nil et passant par la première Cataracte. L'embarcation s'engage à travers les centaines d'ilôts qui embarrassent le fleuve en cet endroit; ils y déterminent des rapides et des tourbillons; les blocs de marbre noir qui forment ces ilôts sont battus par l'eau dont le remous atteint parfois une grande violence. A un moment donné, notre bateau s'engage dans un rapide assez fort, qui avant la construction du barrage était le plus terrible de la première cataracte; sa force est bien amoindrie maintenant, mais il y a néanmoins des vagues d'une très grande hauteur et c'est grâce à l'habileté du pilote et des nombreux rameurs que nous sortons sains et saufs de ce passage difficile, sans nous heurter contre les écueils qu'il faut éviter à tout instant.

DESCENDANT LA CATARACTE

Pendant quelque temps nous voguons dans des eaux assez agitées, mais bientôt nous sommes de nouveau dans les eaux calmes. Le Nil en cet endroit est encaissé entre deux montagnes de granit et de marbre noir; par derrière nous, les nombreux ilôts entre lesquels nous avons passé, et le rapide tout blanc d'écume. Nous atteignons le "Cataract Hotel" que nous visitons; il est recommandable sous tous les points de vue et c'est merveilleux que jusqu'en Nubie on puisse trouver un tel

confort et même le luxe. Nous ne rentrons au Ramsès
que le temps de prendre le thé et nous allons courir les
bazars d'Assouan et y faire de nombreuses acquisitions.

—

27 décembre.

C'est le jour de notre départ d'Assouan; le bateau
va très rapidement, 13 milles à l'heure, aussi à 5 heures

ENVIRONS D'ASSOUAN: UN GROUPE DE BICHARIS

du soir nous sommes à Luxor. Comme beaucoup de passagers sont restés à Assouan, nous ne sommes plus que
quatorze à bord, c'est presque une grande famille. Nous
allons tous nous promener dans la ville; il y a une
"small dance" à l'hôtel de Luxor, on y a convié les
touristes du Ramsès et nous combinons d'y aller ensemble pour nous amuser un peu. Le bal qui doit
finir à 11 heures du soir, bat déjà son plein quand nous
entrons; nous nous y joignons de bon cœur et ne

manquons ni une valse ni une polka; Mlle. Jeanne entreprend de faire valser Mr. de la Huerta, mais leurs efforts ne sont pas couronnés de succès; nous dansons un quadrille avec nos compagnons de bord, mais d'une façon si drôle que nos rires nous arrêtent à tout moment. Nous finissons par le "Sir Roger", danse très curieuse et pas difficile; nous revenons tous en bande au Ramsès, enchantés de notre soirée.

Mercedi matin, 28, le bateau lève l'ancre vers 11 heures; la contrée est magnifique, très verte et très riante, beaucoup de palmiers et de mimosas. Ce n'est plus le même paysage car nous voyons maintenant au retour ce qu'en allant nous avions passé de nuit.

Aujourd'hui, 29, nous trouvons qu'il fait un froid terrible; cela vient de la vitesse du bateau qui marche contre le vent; nous nous sommes si bien accoutumés à cette bonne température

ENVIRONS D'ASSOUAN: TOMBEAU DE CHEIKH

de la Haute-Egypte, si douce et surtout si complètement dépourvue d'humidité! En montant sur le pont nous voyons que le thermomètre marque seulement 6°. On se promène très vite pour se réchauffer; on s'aperçoit que Mr. de la Huerta n'a pas encore paru; comme il a avoué qu'il aimait beaucoup dormir le matin et se lever tard, ces Messieurs veulent lui faire une farce; sa cabine étant sur le pont ils vont tout doucement se grouper devant la porte et imiter le chant du coq; le pauvre Mr. Richard croit se réveiller au milieu d'une basse-cour et il vient même ouvrir sa fenêtre au pied de son lit, avec une figure encore tout endormie.

Heureusement que nous faisons une excursion à terre, car le bateau serait intolérable par cette température. A 10 heures du matin nous arrivons à Baliana ou Béliânèh d'où se fait l'excursion aux ruines d'Abydos. Nous passons par les rues du village qui sont pleines de chameaux et d'ânes amenant, des terres avoisinantes, les denrées pour la foire qui a lieu ici tous les jeudis.

Nous traversons une vaste plaine aux magnifiques cultures; voici des champs de maïs et de canne à sucre; plus loin ce sont des fèves en fleurs et de tout côté on ne voit que verdure et fleurs. Au bout d'une longue étape, nous arrivons au temple d'Abydos, dans le village du même nom. Ce temple, bâti par Séti 1er et achevé par son fils Ramsès II, est dédié à sept divinités: Amon, Osiris, Isis, Horus, Harmakis, Ptah et Séti 1er divinisé. C'est l'unique temple, nous

DIGUE D'ASSOUAN: UNE ÉCLUSE

dit-on, qui ait des chapelles réservées pour chaque dieu. La partie faite par Séti 1er est plus belle et plus fine que l'autre ; Ramsès s'occupait plutôt de construire des grands pylônes, des statues colossales et des obélisques monumentaux, tandis que Séti préférait la minutie à la grandeur ; ses œuvres étaient plus fines, plus soignées. Les bas-reliefs sont d'une sculpture très délicate, absolument pareils comme genre, aux tombeaux des Rois de Thèbes, que

LUNCH DANS LE TEMPLE D'ABIDOS

nous avons visités le 21 et qui ont été construits d'ailleurs par le même architecte que celui qui a présidé aux travaux du Temple d'Abydos. Dans plusieurs chapelles, les peintures ont encore un éclat très vif. C'est dommage qu'on ait perdu le secret de produire ces belles teintes et la manière de les conserver si longtemps. Ce temple est un des plus antiques, il a deux mille six cents ans, il fut construit sept cents ans avant J-Christ.

Ces anciens Egyptiens étaient de grands dessinateurs, mais toujours ils faisaient les têtes de profil, même si le corps était de face; les yeux aussi sont de face et cela forme un ensemble assez étrange. Malgré leur talent ils n'avaient pas l'instinct des proportions : ainsi un des bas-reliefs représente la déesse Isis posant sa main sur l'épaule d'Osiris son mari et elle se trouve à deux mètres de distance environ, aussi un de ses bras a deux fois la longueur de l'autre.

NOTRE RETOUR DE PHILAE

Nous voyons une chose très curieuse, c'est la liste de tous les Pharaons dont les noms sont inscrits en hiéroglyphes.

Après la visite complète du temple, nous revenons dans la salle hypostyle où des tables dressées nous attendent pour déjeuner. Le lunch froid est trouvé délicieux; puis comme nous sommes passablement fatigués, nous préférons rentrer, d'autant plus que maman ne se sent pas très bien. Louis et le reste de la bande vont voir un vieux temple et un monastère copte. Pendant le trajet de retour nous faisons une grande conversation en anglais avec Mr. Nickolls Dunn et nous admirons des ibis et des pélicans se promenant gravement sur le sable.

Au matin du 30 Décembre, le Ramsès repart pour s'arrêter à midi à Assiut. Le passage du barrage est très difficile; comme à l'aller nous nous heurtons plusieurs fois contre la maçonnerie des parois; mais heureusement nous finissons par passer sans encombres à force de cris et de vociférations de la part des Arabes; Mr. de la Huerta et Louis mettent aussi la main à l'œuvre.

Nous assistons le soir à un magnifique coucher de soleil: l'eau prend les teintes les plus inespérées: tantôt d'un bleu intense, bientôt violet foncé, puis rouge vif.

ENVIRONS D'ASSOUAN: DEUX BICHARIS

Nous côtoyons maintenant une haute montagne surplombant le Nil; puis c'est une immense grève de sable et au loin une forêt de palmiers à laquelle se mêle la note sombre des sycomores. Plusieurs bateaux passent, comme de grandes mouettes blanches, avec leurs voiles déployées. Puis la nuit vient presque sans transition, sans crépuscule. Comme il n'y a pas de lune et que le ciel est sombre, les étoiles sont plus brillantes et se détachent mieux dans l'obscurité; leur disposition dans le ciel est bien différente aussi de notre hémisphère; les touristes matinals n'ont-ils pas vu à Assouan la fameuse Croix du Sud?

Le bateau s'arrête. Pour la dernière fois Mohamed, le drogman en chef, vient nous annoncer la promenade du lendemain; car presque tous les jours, pendant le dessert, le guide fait un discours assez embrouillé, dans lequel il n'omet jamais ces mots: "Don't forget your tickets". Sans nos tickets, en effet, nous ne pourrions ni visiter ni même entrer dans aucun temple.

ROCHERS DE MARBRE NOIR EN AMONT D'ASSOUAN

Après le dîner, nous restons jusqu'à 10 heures à jouer à différents jeux; c'est ce que nous faisons généralement tous les soirs, aussi en allant nous coucher sommes-nous à moitié mortes à force d'avoir couru, ri ou chanté.

LE NIL, 31 décembre.

Voilà la dernière excursion sur le Ramsès the Great. Après le premier déjeuner notre caravane se met en marche. Pendant le court trajet qui se fait à pied, nous sommes littéralement assaillis par des Arabes qui nous demandent des "bakchichs". Mais à l'aide d'un soldat et de nos drogmans nous arrivons sans encombres à un bâtiment bas dans lequel nous pénétrons; on nous montre une sorte de parquet en pierre peinte. Là sont représentés des poissons, des oiseaux, dont quelques-uns sont très bien faits, mais il faut avouer que ce n'est pas très joli; curieux seulement parce que ce parquet date de dix-sept siècles avant J-C. Il vient de Aménomphis IV qui régna dans la 18ème dynastie. Ce roi changea complètement la religion égyptienne; au lieu des dieux ordinaires, il adora le soleil. Mais après sa mort les grands-

MUSICIEN NUBIEN

prêtres de Thèbes détruisirent complètement ses temples et ses palais et reprirent l'ancienne religion qui dura jusqu'à la venue du Christ. Aux premiers siècles de cette ère nouvelle, un empereur romain renversa les temples, détruisit la religion des Pharaons et convertit la plupart des idolâtres au christianisme. Plus tard alors vint Mahomet et presque toute l'Egypte se fit musulmane.

7

Ceux qui restèrent chrétiens sont appelés encore aujourd'hui: les Coptes.

Nous rentrons au bateau et passons le reste de la
matinée et toute l'après-midi à combiner des charades
et des tableaux vivants pour le soir. Nous voulions re-
présenter le nom de la reine Cléopâtre: clef-eau-pâtre en
charade, mais comme toujours en pareille occasion, au
moment de la jouer, nous y renonçons trouvant cela trop
difficile. Après dîner nous venons sur le pont qui est

LE NIL: UN PAYSAGE

tout pavoisé; quelqu'un se met au piano et Mrs. Fox
commence à danser le cake-walk. Elle le danse très bien
mais c'est d'un comique achevé de la voir; le docteur
a même l'air de trouver cette mise en scène un peu dé-
placée. Bientôt nous nous lançons dans toutes sortes
de jeux de société et à 10 heures $1/_2$ nous commençons
le bal. Nous dansons gaîment pendant longtemps, mais
nous nous arrêtons en voyant arriver Luiz et Mr. de la
Huerta travestis avec des habits arabes et représentant l'ancienne et la nouvelle année: 1904, avec une grande barbe
blanche fuit devant 1905 qui porte dans ses bras des fleurs

et des épis. Puis comme minuit approche, nous passons dans la salle à manger où papa offre le champagne à tous les passagers. Minuit sonne! et aux premiers coups répondent nos joyeux "hurras" . . 1904 a fui, nous sommes dans la nouvelle année! Si nous la passons toute aussi gaîment que la première heure, nous avons en perspective une année pleine de bonheur et de joie.

EN ROUTE POUR ABYDOS

1er janvier 1905.
Dernier jour sur le Nil

Nous employons notre matinée à faire les malles; puis tout de suite après le déjeuner nous nous arrangeons pour monter sur le pont, toutes prêtes à partir. Nous allons donc quitter le "Ramsès the Great"! Nous allons arriver au Caire! Quand on pense qu'il y a vingt jours que nous sommes sur le Nil! il semble que c'était hier seulement que nous partions. Telle est l'habitude que nous avons prise à la vie du bord, qu'en nous voyant

tous prêts pour sortir, nous nous figurons que nous allons
faire une excursion et revenir tout à l'heure.

Nous sommes debout sur le pont, regardant filer
les rives. Voici l'hôpital et les premières maisons, voici
l'île de Roda, voici le pont de Qasr-el-Nil, voici le port.
Le bateau aborde; nous prenons congé du capitaine Baglioni et du docteur et nous descendons pour chercher nos

TRANSPORT ARABE A TRAVERS LE VILLAGE

voitures. De loin nous disons encore adieu au Ramsès
et nous roulons bientôt dans la grande capitale égyptienne.

Quoique le trajet soit très court du port à l'hôtel,
nous avons néanmoins le temps de remarquer que les rues
sont plus animées qu'avant notre départ; c'est que maintenant la saison au Caire bat son plein. Tous ont laissé
là-bas en Europe le froid et la neige pour trouver ici le
soleil et la chaleur.

Nous prenons possession de nos chambres qu'on nous
a gardées au Shepeard's et passons le reste de l'après-
midi à nous installer.

Nous employons toute la matinée en visites aux magasins dans Gareh-Camel. L'après-midi nous nous rendons en voiture au palais de Choubrah situé au bout d'une immense avenue bordée de magnifiques sycomores et d'acacias lebbakh. A la porte nous rencontrons des difficultés

LA DIGUE D'ASSOUAN

pour pénétrer dans le parc parce que nous ne portons pas une permission écrite; le gardien prétend que c'est absolument impossible, mais à l'aide de ce talisman appelé ''bakchich'' il trouve tout à coup la chose très faisable.

Le parc est fort beau avec ses orangers et ses citronniers. Au fond d'une avenue très ombragée se trouve le pavillon où habitait le harem du Pacha; il appartient au prince Housein Pacha. L'intérieur est d'une architecture de féerie. Au centre, une grande piscine entourée d'une balustrade de marbre blanc et d'une colonnade avec

des Kiosques qui s'avancent dans l'eau; à chaque angle
est un salon ou divan richement décoré! Nous voyons
la chambre à coucher, le billard et le salon du Pacha; ce
salon en marqueterie avec les tentures et les chaises vieux
rose et or, le plafond bleu, style arabe, est vraiment magnifique. Le lustre de Venise ainsi que les appliques sont
des merveilles.

VILLE D'ASSIOUT

Ce palais de Choubrah commencé par Méhémet Ali
fut continué par son fils, Halîm pacha. Ils n'étaient pas
malheureux ceux-là et ce n'est pas sans raison qu'on dit
"mener une vie de pacha"!

Nous revenons prendre le thé au Shepheard's et
après dîner il y a une "small dance" à laquelle nous
assistons.

Nous partons en automobile à 11 heures du matin
pour aller déjeuner au Gézirèh-palace-hotel. L'automobile est immense; il y a 17 places en comptant celle du
chauffeur. Le trajet que nous avons déjà fait l'après-
midi est très beau et très animé le matin aussi. Au bout

BORDS DU NIL: COUCHER DE SOLEIL

d'une demi-heure nous atteignons le palais; notre première visite ici ayant été incomplète nous la recommen-
çons en détail, maintenant que tout est prêt pour la
grande saison. Ce palais, on pourrait dire ce décor de
féerie, est l'un des plus curieux exemples des folles pro-
digalités d'Ismaïl, oncle du Khédive; commencé en 1863,
c'est l'à qu'en 1869 Ismaïl installa ses hôtes princiers,
entre autres l'Impératrice Eugénie venue pour assister
à l'inauguration du Canal de Suez.

Nous nous promenons dans le parc, curieux à cause des essences rares qu'on y a réunies. Après le déjeuner nous restons jusqu'au thé sur les terrasses en écoutant des orchestres hongrois. Puis en automobile, nous regagnons l'hôtel Shepheard.

RAMSÈS THE GREAT: ACHMED, NOTRE STEWARD

LE CAIRE, 4 janvier.

La matinée est consacrée à la visite du grand musée de Gîzèh ou Musée des antiquités égyptiennes; il est d'un intérêt incontestable, et pour nous d'un intérêt double, puisque nous avons vu la plupart des temples et des tombeaux, d'où les principales curiosités du Musée ont été retirées.

Voici d'abord les sarcophages de pierre et de marbre où était renfermé le cartonnage peint et doré contenant la momie. Nous parcourons ensuite de grandes galeries où sont ces sarcophages affectant la forme des momies qu'ils recouvraient; la plupart sont en bois, d'une sculpture très fine et les peintures et les dorures encore parfaitement conservées. Vient ensuite la salle des bijoux qui est la plus jolie à voir. Ce sont des quantités de parures de toutes sortes ayant été portées par les Pharaons et par leurs femmes. La finesse du travail est remarquable; il y a là des broches et des bracelets aussi parfaits qu'on pourrait les faire aujourd'hui et d'autres qu'on ne saurait plus imiter. Ce qui nous frappe le plus, ce sont des espèces de doigts en or qui s'enfilaient sur les doigts des Pharaons après leur mort, tout comme nos gants, mais sans la partie qui recouvre la main.

LE NIL: UN PAYSAGE

Il y a des scarabées magnifiques, particulièrement celui de Ramsès le Grand; des chaînes en or, des bagues, des boucles d'oreilles, tout ce qui se portait dans ces temps antiques.

Nous visitons ensuite la salle où sont gardées les provisions découvertes près des tombeaux des Rois pour que le jour de leur résurrection ils trouvassent à manger. Il y a de tout, voire même des rayons de miel.

Plus loin se voient un grand nombre de momies de crocodiles, de bœufs, de chacals, d'oiseaux, etc, qui étaient autrefois des divinités.

Nous passons rapidement à travers plusieurs salles où sont gardés et classifiés des vieux parchemins, des cruches, des amphores, des statues, des inscriptions mutilées etc. qui feraient le bonheur d'un archéologue mais qui ne nous touchent qu'à moitié.

Mais voici que nous pénétrons dans la partie la plus curieuse du Musée: la salle des momies. Là, dans des sarcophages en bois, est couchée la momie entourée de bandelettes de toile, le visage, les mains et les pieds à découvert. La couleur est noirâtre, comme si la momie avait été brûlée et calcinée. Les yeux sont effrayants dans leur fixité de mort. La plus épouvantable est celle de Ramsès II le Grand: son nez est pareil à un bec d'aigle, sa bouche énorme, aux lèvres pincées, s'entr'ouvre dans un rictus sinistre, laissant à découvert sa langue et des dents jaunes et pointues. La plupart ont des cheveux et des ongles, ce qui les rend plus horribles encore. Pauvre Ramsès! S'il pouvait revenir sur terre et voir ce qui reste de lui, il ne serait guère flatté! Et cependant il croyait devenir un dieu adoré et craint de tous!

Nous finissons notre visite par plusieurs statues et sarcophages de Pharaons. Puis nous quittons le Musée pour être au Shepheard's à l'heure du déjeuner.

L'après-midi, visite au Moushi, quartier commerçant. Mais nous commençons par l'université arabe. Pour entrer il faut mettre des sandales comme pour une mosquée. Il y a d'abord une grande cour entourée de colonnades style arabe; sur les dalles de pierre, plusieurs centaines d'enfants ou de jeunes gens indigènes sont accroupis, répétant à mi-voix les versets du Coran. Aucun professeur n'est présent; les plus instruits apprennent aux autres et quand ils se croient suffisamment savants, ils passent un examen. S'ils sont jugés capables, ils sont admis, sinon ils recommencent à étudier jus'qu'à 30 ans

BORDS DU NIL: PIGEONNIERS EN TERRE BATTUE

environ. Ils tiennent à la main leurs livres couverts d'inscriptions bizarres et une sorte d'ardoise en métal sur laquelle ils écrivent d'un air très grave. Pour mieux étudier ils se balancent, se renversant en avant et en arrière, de gauche à droite, tout en récitant à mi-voix. Le mélange de ces centaines de voix fait un brouhaha à étourdir complètement la tête la plus solide. Les étudiants se réunissent là, quelquefois plus de dix mille. Nous entrons dans une salle où un professeur arabe, des lunettes sur le nez, est en train de faire passer un examen à ses élèves.

Puis nous quittons cette curieuse université pour aller aux bazars où nous faisons emplette des choses si étranges qu'on trouve dans toutes les boutiques; parmi elles des articles d'ameublement luxueux et d'un grand cachet.

Le soir, il y a grand bal au Shepheard; l'hôtel est tout décoré de plantes vertes; la salle de bal est ravissante avec ses guirlandes de feuillage et ses lampes électriques. Nous sommes invités par le Comité des fêtes; le bal commence à 10 heures et jusqu'à minuit on danse avec beaucoup d'animation. Puis c'est le cotillon; les figures sont très jolies: les toilettes claires des dames, mêlées aux habits rouges des officiers anglais, font un effet vraiment charmant. Toute la société du Caire est réunie là; nous voyons entre autres le prince Makdouh, oncle du Khédive.

Il y a, dans le restaurant, un souper magnifique servi par petites tables; mais ne voulant pas rester jusqu'à la fin, nous regagnons nos chambres.

LE CAIRE, 5 janvier 1905.

Nous allons de nouveau aux Bazars ce matin, car hier nous ne les avons vus que très imparfaitement. Nous traversons le Mouski ou village commerçant grec et arabe. Puis nous voici au centre des bazars; les rues ont un cachet tout à fait particulier et oriental, chacune est occupée par un corps de métier; les voitures n'y peuvent circuler et c'est à pied qu'il faut faire cette intéressante visite; c'est la rue des tapis et des étoffes de soie; celle des orfèvres, des parfumeries, des tarbouches, des pantoufles indigènes ou babouches, le bazar des selliers, des vaisselles et verreries . . etc. . . . . Chaque marchand a sa petite boutique, à moins que ce ne soit un immense et véritable magasin comme dans la rue des tapis et soieries. Il faudrait un volume si l'on voulait énumérer tout ce qu'on trouve dans ces boutiques: des breloques, des bracelets, des broches, des bagues, des boucles de ceintures, des pierres précieuses; plus loin ce sont des coussins brodés, des écharpes, des soies orientales. Là, c'est un magasin d'objets de cuivre et de métal: rince-bouche, plateaux, lampes etc. Dehors, les petits marchands ambulants tournent sans cesse autour des touristes jusqu'à ce qu'on se décide à leur acheter soit un paquet d'encens, soit une boîte d'allumettes ou des cartes-postales; ces petits vendeurs sont de vraies sangsues, on ne peut s'en débarrasser, à moins qu'un "policeman" (chaouich) ou le guide ne les disperse à coups de fouet ou "courbache".

Nous restons longtemps dans les bazars, regardant fabriquer divers objets; et en voyant le travail qu'exige le moindre d'entre eux, on s'étonne vraiment que ces malheureux marchands puissent vendre à si bon marché.

Nous faisons des commissions l'après-midi pendant que papa et Luiz vont visiter les écuries du Prince Méhémet-Ali, frère du Khédive. Ils en reviennent enchantés, autant de la beauté des cheveux que de l'amabilité du Prince qui, paraît-il, est tout à fait charmant.

———

LE CAIRE, 6 janvier.

C'est le Jour des Rois: le matin nous allons à la messe et l'après-midi nous ne sortons que vers 4 heures, papa et Louis étant allés à la Citadelle voir les derviches hurleurs. On nous a dit que c'était un spectacle très impressionnant, aussi nous nous refusons à accompagner les gentlemen. Ces derviches tournent sur eux-mêmes et se livrent à toutes sortes de contorsions tout en hurlant et aboyant comme des chiens; ces mouvements se font avec une rapidité inouïe, aussi vers la fin, les malheureux derviches tombent par terre, à moitié morts, et la plupart ont des attaques d'épilepsie; et c'est leur manière d'honorer et prier Allah, car ce sont des espèces de moines mahométans.

———

7 janvier.

Toute la matinée nous courons les magasins et faisons de nombreuses emplettes; papa achète différentes choses, entre autres de très beaux tapis. Après déjeuner il va à la recherche de chevaux arabes dont il veut faire l'acquisition et nous, nous faisons une jolie promenade sur les bords du Nil.

———

8 janvier.

En allant aujourd'hui à la messe, nous voyons les rues toutes pavoisées; de chaque côté des guirlandes de feuillage auxquelles sont suspendues des lanternes; une foule de personnes se bousculent sur les trottoirs; on voit tout de suite qu'il se prépare une grande fête; c'est en effet aujourd'hui l'anniversaire de l'avènement du Khédive au trône; l'après-midi doit avoir lieu une revue militaire et le soir illuminations.

Le Khédive actuel est monté sur le trône à l'âge de dix-neuf ans; quoique très intelligent, l'autorité dont il jouit n'est pas grande, il n'a que le prestige de son titre de Vice-Roi: l'Angleterre a besoin de lui à cause du peuple égyptien qui ne doit pas savoir que c'est la Grande-Bretagne qui gouverne, car il pourrait en résulter des révoltes. D'ailleurs Abbas II est très satisfait de sa position, il a les honneurs et les avantages sans avoir les inconvénients. Au lieu d'administrer ses états, il administre ses propriétés particulières qui lui donnent, paraît-il, un revenu colossal. Il a épousé une esclave turque, qui avait été offerte comme suivante à la Reine-Mère par le Sultan de Turquie; elle est, dit-on, d'une beauté incomparable.

A deux heures nous allons prendre, à l'Hôtel Continental, Mr. et Mad. de Kerotern dont nous avons fait connaissance à bord du Ramsès; puis, accompagnés aussi de Mr. Barringer, nous nous rendons en dehors de la ville, jusqu'à une grande esplanade où doit avoir lieu la revue. Tous les militaires sont déjà là, très bien équipés et rangés en longues lignes. Bientôt paraît l'Etat-Major et le Khédive; il est en costume de général, son tarbouche sur la tête, naturellement. Il passe ses troupes en revue, puis après avoir salué le drapeau, il revient au milieu du champ et s'arrête. Alors, succesivement les régiments défilent devant lui. On joue l'hymne Khédivial; c'est une musique assez étrange, très rythmée, s'adaptant sans doute au caractère arabe. Par trois fois des cris de "Santé et longue vie!" retentissent. Il y a une dernière charge de cavalerie et le Khédive fait le tour de la place. Il passe juste devant nous et salue gracieusement la foule. Il a très bon air et une figure sympathique; c'est dommage qu'il soit un peu gros; avec sa peau blanche, on croirait plutôt un Européen; d'ailleurs il a été élevé en Europe.

Nous regagnons l'hôtel avec de grandes difficultés car les rues sont encombrées de monde.

Le soir nous offrons un dîner à Mr. et Mad. Piot-Bey et à Mr. et Mad. de Kerotern.

LE CAIRE, 9, 10 et 11 janvier.

Ces derniers jours se passent en préparatifs pour notre grande excursion en Palestine. Papa a définitivement arrêté les projets pour ce nouveau tour qui promet d'être bien intéressant. Notre ami, l'Espagnol, Mr. de la Huerta qui est aussi au Shepeard's, a depuis longtemps le désir d'aller visiter la Palestine; étant seul avec son larbin ce ne serait pas très folichon et il va renoncer à ce voyage quand papa lui offre de se joindre à notre troupe. Il n'ose d'abord, puis il accepte avec grand plaisir et nous commençons à combiner les choses tous ensemble; nous serons donc une société de huit personnes, plus le valet de l'Espagnol, un nommé Pépé qui a une bonne tête de Galicien. Nous devons quitter le Caire le 12 pour prendre à Alexandrie le bateau du 14; Mr. de la Huerta partira

8

d'ici un peu plus tard et nous donne rendez-vous à l'hôtel
New-Khédivial à Alexandrie.

Pendant ces trois journées, dans les intervalles que
nous laissent nos malles, nous allons plusieurs fois au
Ghézireh; nous visitons Parvis, le grand marchand de
meubles. Une après-midi, c'est le Musée arabe qui nous
sert de but de promenade. Nous y voyons beaucoup de
vieilles choses: des vieux Corans, de vieilles histoires;
les enluminures sont d'une finesse de travail et de coloris
merveilleuse; dans une des salles sont exposés des habits, des babouches et des turbans, très vieux et très
sales. Il y a une quantité de vases et de pots cassés; ce
qui nous intéresse davantage, ce sont des spécimens d'intérieurs arabes fort curieux à voir.

Mr. Defaucamberge, suivant sa promesse, vient nous
voir le 11 et reste jusqu'à notre départ.

Du CAIRE à ALEXANDRIE, 12 janvier.

Nous quittons le Caire par un jour superbe, clair
et chaud. A 11 heures $^1/_2$ nous sommes à la gare, plusieurs personnes nous accompagnent comme si nous étions
déjà depuis longtemps des habitants du pays. Nos com-
partiments réservés sont tout fleuris; on nous a donné de
magnifiques bouquets de roses et de violettes. Nous disons
un dernier adieu à Messieurs Defaucamberge et Barringer
et notre train s'éloigne. A midi nous prenons un
déjeuner détestable, mais comme compensation nous pouvons admirer le paysage de la Basse-Egypte que nous
traversons.

Nous voici à Alexandrie. Mr. Larcher est à la gare
et nous emmène au New-Khédivial Hotel. Juste le temps

de voir nos chambres et nous allons faire en voiture un tour dans la ville. Alexandrie, premier port de l'Egypte, est la ville la plus importante de ce pays, après le Caire. Les rues sont très propres, il y a de beaux magasins, mais le cachet des villes de la Haute-Egypte n'existe plus ici; on se croirait déjà en Europe, le Mouski lui-même à un aspect européen. Les petites boutiques sont pleines de beaux fruits et de gâteaux; ce sont les fruits et les légumes qui sont toujours le plus appétissants; des charrettes circulent chargées de ce pain arabe très gonflé et doré qui serait vraiment engageant s'il était présenté plus proprement. Tout le reste est repoussant, particulièrement ces fritures graisseuses que les Arabes mangent avec délices. Ils manient tout avec leurs doigts, et quels doigts! les Arabes n'employant pas d'autres mouchoirs de poche. Les marchands de coco et d'eau fraîche servent à boire à la ronde dans des verres qu'ils ne lavent jamais; mais du moins, malgré ce petit détail de malpropreté, ces vendeurs de coco ont un costume tout à fait pittoresque qui met une note de couleur locale dans les rues par trop européennes: ils portent, drapée, une tunique aux couleurs vives; sous le bras gauche, ils tiennent un vase de cuivre à long col contenant la boisson; dans la main droite, deux timbales de cuivre qui font office de cloche pour appeler les passants; sur la tête, un turban rouge et autour de la taille, des verres et des globelets.

A Alexandrie, les avenues sont larges et bordées d'arbres; de magnifiques équipages se croisent dans tous les sens. Sur les places publiques nous remarquons de beaux monuments, l'un d'eux a été érigé lors de la prise de Khartoum par les Anglais; puis voici la statue équestre de Méhémet Ali. Nous longeons la Méditerranée qui est calme et bleue, cela nous donne de bonnes espérances pour le départ à Jaffa qui doit avoir lieu samedi.

Nous rentrons en ville par la rue Shériff-Pacha, bordée de beaux magasins et pleine d'animation. Après le diner au New-Khédivial Hotel, Mad. Larcher nous propose d'aller au théâtre Zizinia, l'opéra de l'endroit, où nous assistons aux deux premiers actes de Rigoletto.

——— —

ALEXANDRIE, Vendredi 13 janvier.

Après avoir fait nos emplettes dans la rue Shériff-Pacha, nous revenons à l'hôtel où nous avons rendez-vous avec Mr. Larcher. Il vient en voiture avec nous jusqu'au port, où nous allons visiter le bateau qui doit nous emmener en Palestine. C'est la Compagnie Khédiviale qui fait le service entre l'Egypte et Jaffa; mais malheureusement, le seul bateau qui soit en partance cette semaine est peut-être le plus mauvais de la Compagnie. C'est le "Mariout", très petit, très vieux, très détérioré et très sale; on nous montre les cabines, quelles cabines!... ah! elles ne ressemblent guère aux confortables chambres du Ramsès; il n'y a pas même d'électricité à bord, l'éclairage est fait avec des chandelles . . . enfin, s'il fait beau tout cela sera très drôle. . . .

Nous allons voir les environs de la ville et passons devant la colonne de Pompée ou de Dioclétien, mais il est midi et nous prenons un tramway électrique qui nous mène en peu de temps à Ramlèh; c'est là que demeurent Mr. et Mad. Larcher chez qui nous allons déjeuner. Ram-lèh ou "Le Sable" n'est qu'une agglomération de maisons de campagne; c'est un lieu de villégiature, très fréquenté en été par la colonie européenne d'Alexandrie.

Toute la matinée a été superbe, il a même fait chaud; la mer était calme et unie ce qui nous donnait bon espoir pour demain. Mais vers 4 heures, brusquement le vent se met à souffler violemment, le temps change et devient froid; des fenêtres nous constatons que la mer se couvre de petites crêtes blanches, la voilà tout à fait houleuse; pourvu qu'il n'y ait pas de tempête demain! Tout là-bas à l'horizon on nous indique l'emplacement d'Abouquir, cette rade si célèbre par ses souvenirs militaires de 1798 pour Nelson et 1799 pour Bonaparte.

Nous prenons pour rentrer une très belle avenue bordée d'arbres et croisons plusieurs voitures et des cavaliers, des Levantins pour la plupart; les femmes sont couvertes de bijoux et de poudre de riz. A l'Hôtel nous trouvons Mr. de la Huerta qui n'a pas manqué au rendez-vous. Il y a là aussi le drogman qui nous accompagnera pendant tout notre voyage en Syrie. Comme il se trouvait justement au Caire en ce moment, Cook l'a mis dès maintenant à notre service; il s'appelle Sélim, c'est paraît-il un des premiers drogmans pour la Palestine et la Syrie; c'est lui qui accompagnait l'empereur d'Allemagne lors de son dernier voyage à Jérusalem; en tout cas ce Sélim n'est pas grand causeur mais il a l'air honnête et intelligent.

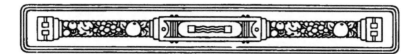

PALESTINE.

14 janvier 1905.
Après le débarquement du "Mariout".

Nous voici enfin à Haïfa, sains et saufs, mais il y a quelques heures nous croyions bien ne jamais y arriver! Ce terrible voyage a duré 48 heures! Nous sommes partis d'Alexandrie, comme c'était convenu, le 14 après-midi; on avait fait la toilette du bateau, mais il n'en restait pas moins bien peu engageant, si vieux et délabré! Pour bien se figurer ce qu'est le "Mariout" il faut dire que la Compagnie Khédiviale est la pire des compagnies et le Mariout le pire de ses bateaux; il est plus petit que le "Rameses the Great" qui est pourtant un bateau d'eau douce. Quand nous arrivons à bord, le 14, le pont est encombré de cordages, pas un feuteuil pour s'asseoir; nos cabines, sans aucun confort, nous paraissent tristes et sales. La première chose, dont on nous régale, est un superbe goûter au beurre rance et pain rassis. Cinq voyageurs qui venaient d'arriver sont retournés à terre aussitôt qu'ils ont vu tous les agréments du "Mariout"; et ils ont bien fait! Que ne les avons-nous imités?

A peine le steamer a-t-il quitté le port, qu'une scène vraiment comique se produit: les passagers, jusque-là gais et pleins d'entrain, deviennent subitement lugubres et silencieux; les faces rubicondes de certains d'entre eux prennent des teintes terreuses, les yeux deviennent

mornes. Puis tout à coup, comme si nous nous étions
donné le mot, nous nous précipitons tous dans l'escalier
trop étroit pour cette avalanche humaine. Et bientôt on
n'entendit plus que les gémissements des victimes et le
bruit grave ou aigü des vomissements.

Qu'est-il donc arrivé?... C'est le Mariout qui vient
d'entrer dans une danse infernale, diabolique; ce sont les
passagers qui se trouvent aux prises avec le terrible mal
de mer. Et il ne nous lâcha plus depuis cet instant
jusqu'au débarquement, nous harcelant sans cesse, sans
nous laisser une minute de repos.

C'était une tempête; et une tempête sur un tel bateau
est vraiment terrifiante. L'eau entrait par paquets sous
les sabords mal joints, et tombait jusque sur nos lits; les
meubles, les valises ballottaient dans les cabines, d'avant
en arrière, de gauche à droite, selon le mouvement. Papa
pensait à sa responsabilité et n'était plus rassuré du tout;
moins malade que nous, nous l'entendions causer dans
la salle à manger: "Ah! capitaine, vous avez un sale
bateau, il ne vaut rien, il faut le faire sauter, votre bateau!"... Puis à l'espagnol: "Eh bien! jeune homme,
comment cela va-t-il?" — "Très mal, Monsieur, très mal."
— Au fond du couloir, à droite, une malheureuse Anglaise
apparaissait à tout moment, paraît-il, avec un certain
ustensile à la main, et de nos couchettes nous entendions
son appel fait sur un ton d'angoisse: Gâr-çon, Gâr-çon!
Les stewards étaient malades aussi, je crois; ils faisaient
pourtant tout leur possible pour secourir les passagers;
le nôtre s'encadrait de temps en temps à notre porte et
articulait cette phrase, toujours la même, — "voulez-vous
du thé, que je vous apporte?" A peine avions-nous seulement la force de lui répondre négativement; qui donc
aurait pu boire ou manger pendant une traversée
semblable?

UNE HALTE SUR LE CHEMIN DE DYENIN

A 10 heures du matin, le 16, nous arrivons devant Jaffa. Impossible de débarquer; la mer est telle, qu'une embarcation qui s'aventurerait au milieu des récifs qui bordent la côte en cet endroit, serait brisée en mille pièces. Nous n'avons même pas la force de protester quand on nous annonce qu'il faut continuer jusqu'à Haïfa. Nous n'y arrivons qu'à 4 heures du soir, et le bateau relâche très loin de la côte. Nous nous habillons avec des efforts surhumains et montons sur le pont; là, nous oublions sur-le-champ toutes nos souffrances pour ne songer qu'à l'horreur de débarquement. D'abord, pour se tenir en équilibre, il faut s'accrocher au bastingage. Les petits bateaux qui doivent nous mener à terre se tiennent déjà vers le Mariout, à force de rames; nous nous traînons jusque vers un petit escalier étroit et glissant, où nous commençons à descendre; le roulis manque de nous faire tomber à chaque instant. La différence de niveau du steamer aux chaloupes est énorme, et pour pouvoir embarquer il faut attendre qu'une vague soulève le canot jusqu'à la hauteur de l'escalier; en cet instant si court des marins turcs nous saisissent et nous jettent vers la barque, d'où des bras vigoureux s'élèvent pour nous recevoir au vol.

Les deux kilomètres qui nous séparent de terre sont franchis à grand' peine; il nous semble être dans un rêve; tantôt nous nous trouvons au fond d'une vallée, surmontée de tous côtés par des montagnes d'eau, tantôt au sommet d'une vague énorme, d'où nous pouvons apercevoir l'appontement, noir de personnes venues pour assister à notre débarquement. C'est un spectacle émouvant en effet, car c'est le pire moment à passer que celui de l'abordage au port; hier deux passagers sont morts noyés dans des conditions analogues aux nôtres. Les vagues menacent de briser nos canots contre les assises

de fer et il faut toute l'adresse et la force des matelots
pour accoster sans trop de secousses; tout cela sous ce
ciel de tempête, dans cette lumière diffuse. Comme tout
à l'heure pour quitter le pont du Mariout, il faut ici aussi
attendre qu'un flot plus fort nous porte presqu'au niveau
du débarcadère; alors les marins du canot nous poussent
par les jambes tandis que ceux d'en haut nous tirent par
les bras.

Quand nous nous trouvons, enfin, tous réunis sur la
terre ferme, trempés, brisés, à moitié morts de fatigue,
nous ne pouvons croire que nous sommes sains et saufs,
hors de cette mer qui paraît encore furieuse de nous
avoir laissés aller.

Pour comble de malheur, il n'y a pas de place dans
le premier hôtel; nous allons plus loin à un hôtel très
simple, mais d'apparence très propre. Nous trouvons
là, comme propriétaires, un ménage de braves gens qui
n'ont pas l'air d'avoir souvent des clients; pour le moment
ils n'ont rien à nous offrir à manger; et, pourtant, depuis
que le mal de mer est fini, nous commençons à avoir
des tiraillements d'estomac: voilà deux jours que nous
sommes dans un jeûne forcé! Enfin, il faut prendre
patience et nous allons présider à notre installation pendant
qu'on nous prépare quelque chose. Quand nous revenons
à la salle à manger et qu'on nous apporte une grande
soupière fumante, nous la dévorons tous des yeux, comme
des malheureux naufragés affamés, que nous sommes
réellement. Bientôt on n'entend plus que le bruit des
cuillers. C'était un potage au vermicelle, chaud et succu-
lent; je crois qu'aucun de nous ne l'oubliera de sa vie.

———

Il nous faut toute la matinée pour nous reposer un peu des émotions de la traversée; mais l'après-midi nous montons au mont Carmel. Le pays est très beau, couvert d'arbres et de fleurs: nous voyons des orangers et des oliviers qui nous font penser au Portugal; c'est étonnant comme tout ici diffère de l'Egypte! Ce ne sont plus les mêmes arbres, les palmiers eux-mêmes ont un aspect différent. La flore est celle des Pyrénées; les anémones et les cyclamens poussent à profusion et nous en faisons de gros bouquets, tout en montant.

En haut est le couvent des moines du Carmel. On découvre de là une vue superbe: toute la baie, avec, en face, St. Jean d'Acre, Tyr à l'extrémité et Haïfa à nos pieds.

Nous sommes donc en Terre Sainte; et nous commençons bien nos excursions en débutant par le Mont Carmel: c'est là, dans les nombreuses cavernes dont la montagne est percée, que se réfugiaient les premiers prophètes. Le plus important, celui dont le souvenir règne encore sur toute la contrée, c'est St. Elie. Là, il a accompli ses miracles; là il a fait jaillir du rocher l'eau qui sauva tout le pays d'une affreuse sécheresse; là, surtout, il a eu cette vision de la Vierge qui lui a permis d'annoncer sa naissance et son immense influence sur le genre humain, 900 ans à l'avance. Nous visitons l'église du couvent, élevée sur la grotte même où venait St. Elie; dans cette grotte, il y a un petit hôtel, car c'est un lieu de dévotion, non seulement pour les pèlerins chrétiens mais pour les juifs et même les musulmans qui vénèrent le saint autant que nous. Dans l'église, la statue miraculeuse de Notre-Dame du Mont Carmel, qu'il nous est donné de toucher avec quelques objets de piété. Comme femmes, nous ne pouvons pas visiter l'intérieur du couvent et, pendant que ces messieurs y pénètrent, nous entrons dans un petit salon où un des frères nous offre une liqueur exquise faite par eux-mêmes. Nous redescendons vers Haïfa qui est un joli petit pays, gentiment groupé, avec des maisons propres entourées de jardins; d'ailleurs, le mot "Haïfa" veut dire "abri" et il porte bien son nom. Notre petit hôtel nous plaît assez; les hôteliers, il est vrai, n'y connaissent pas grand'chose, aussi faut-il nous mêler de la cuisine et du service, ce qui est très drôle. Mr. de la Huerta, que d'un com-

MONT CARMEL: LE MONUMENT

mun accord nous avons tous baptisé "le jeune homme", nous fait une très bonne compagnie; son domestique Pépe n'a pas l'air d'apprécier beaucoup le voyage, mais il suit tout de même et nous cire nos bottes et brosse nos habits à l'occasion. Le soir, nous jouons aux dominos ou nous lisons dans le vaste hall de l'hôtel. Ces nuits

calmes nous semblent délicieuses après les horribles journées passées sur le ''Mariout''.

HAIFA, 18 janvier.
St. Jean d'Acre.

Aujourd'hui le
temps est tout à fait
beau; la mer, bleue
et calme, semble
transformer la baie
en un grand lac. Dès
le matin nous allons
en voiture visiter
l'établissement des
Carmélites; elles ont
là un beau couvent,
avec un grand jardin
qui descend jusqu'à
la mer; mais on ne
peut voir que la cha-
pelle et le logement
des sœurs tourières.

En continuant la
même route, on arrive
au pied de la mon-
tagne; nous quittons
la voiture et gagnons
le lieu appelé ''l'Ecole
du Prophète''. C'est
une excavation pro-

HAIFA: COUVENT DES CARMÉLITES

fonde et naturelle, formée dans le roc; là, St. Elie s'était
retiré pour fuir ses persécuteurs; après lui, d'autres

9

prophètes ont continué de venir dans ce lieu y faire
leurs prophéties et leurs discours.

Ce même jour, après déjeuner, nous montons dans
trois grands chars qui nous emmènent à St. Jean d'Acre.
C'est tout à fait de l'autre côté de la baie et il faut la
contourner pour arriver à la ville. On suit donc toujours
le bord de l'eau, car le sable est très dur; et c'est très
agréable de voir les vagues baigner même les roues des

L'ÉCOLE DES PROPHÈTES

voitures. Par moments, on entre dans l'eau jusqu'aux
genoux des chevaux. Mais bientôt nous remarquons,
éparpillés sur le sable, de jolis coquillages; nous quittons
les voitures et nous voilà pleins de zèle pour faire la
chasse aux plus beaux spécimens. Il y en a de vraiment
merveilleux, et au retour c'est à tout moment que nous
avons fait arrêter les voitures. Il paraît que c'est de
l'animal enfermé dans ces coquillages que l'on retire la
pourpre.

L'entrée de St. Jean d'Acre est une avenue bordée
d'arbres, qui aboutit à une sorte de porte de donjon.

Les rues sont sans régularité, mal pavées et emcombrées de passants et surtout de militaires, car c'est une ancienne ville de garnison.

On rencontre ici des types plus fins qu'en Egypte; quant aux femmes, impossible d'avoir une idée de leur physique, car elles sont complètement voilées d'un tissu épais, le plus souvent à ramages; cela a l'aspect d'une véritable mascarade. Nous passons devant des casernes

ST. JEAN D'ACRE

et des prisons et cet apparat militaire nous reporte aux temps des Croisades et au rôle important qu'a joué alors St. Jean d'Acre. Nous allons à la mosquée qui est le monument le plus intéressant. On s'aperçoit déjà qu'on est en terrain turc où tous les étrangers sont considérés comme suspects. Un préfet de police nous suit pas à pas et si nous n'avions pas notre drogman, qui est une autorité dans le pays, nous ne pourrions pas nous tirer d'affaire.

19 janvier, jeudi.
Départ pour NAZARETH.

Le lunch est à 10 heures, afin qu'à 11 heures sonnantes nous puissions prendre les voitures. La route quitte Haïfa et s'engage dans la campagne, mais quelle campagne! qui se croirait au mois de Janvier?... Partout de la verdure, des oliviers, de beaux champs et une quantité de fleurs, des anémones surtout: rouges, mauves, blanches, c'est un spectacle ravissant. Malheureusement la pluie a détrempé le sol et dans certains passages la route est complètement défoncée et les chevaux s'embourbent profondément. Ils s'en tirent cependant, et au bout de trois heures nous arrivons dans un site élevé et

ST. JEAN D'ACRE : LA MOSQUÉE

charmant, où nous faisons halte pour prendre le thé; c'est une jolie forêt de chênes qui ressemble à un immense parc.

Notre trajet se continue toujours aussi agréablement, tantôt à pied, tantôt en voiture. Nous traversons la plaine d'Esdraélon; puis nous voyons de loin le village de Naïm où Jésus ressuscita le fils de la veuve. Au fond, le mont Tabor et peu après le petit village de Japhia où vivaient Jean et Jacques, les disciples, fils de Zébédée.

Le chemin monte, la contrée devient plus aride, mais elle continue calme et pastorale, bien faite pour encadrer dans notre esprit la sainte enfance du Christ, et pour avoir été le point de départ de la doctrine simple et grande du christianisme. Bientôt, à un détour de la route, Nazareth nous apparaît. Il fait presque nuit; nous ne distinguons plus très bien les maisons accrochées çà et là sur le flanc de la montagne, entre les arbres; mais la lune s'est levée, sa lueur donne des airs de brigands aux paisibles paysans que nous croisons sur la route, et en inondant de ses rayons la petite ville de Nazareth, elle la revêt à nos yeux d'un aspect plus pur et plus suave encore.

Il fait très froid, aussi sommes-nous heureux de nous arrêter à la porte de l'hôtel Germania, où nous trouvons de bonnes chambres et un excellent dîner.

20 janvier, vendredi.
NAZARETH.

Nazareth a pour nous, catholiques, un attrait particulier. C'est là qu'a vécu Marie, c'est là que s'est écoulée l'enfance de Jésus; aussi, en nous dirigeant vers le couvent des Franciscains, toute la vie de la Sainte Famille se retrace dans notre esprit. Nous faisons dire une messe dans la grotte même où l'Ange annonça à Marie qu'elle serait la mère du Sauveur. On avait autrefois la coutume de bâtir les maisons contre des grottes, ce qui donnait une chambre de plus; la maison de la Vierge était dans ces conditions; c'est celle qui a été transportée à Lorette, en Italie. Un temple avait été contruit sur la grotte de l'annonciation, mais vinrent les Turcs qui le convertirent en mosquée; enfin les catholiques reprirent le dessus et bâtirent la jolie église que nous voyons aujourd'hui.

Après la messe, dont le souvenir nous restera toujours, un père franciscain nous conduit à travers un couloir percé dans le roc, jusqu'à une salle souterraine, que l'on suppose avoir été la cuisine de la maison. Des tableaux de la vie de Joseph et de Marie nous ramènent par la pensée au temps où la Sainte Famille vivait là, car il n'y a pas de doute que c'était bien du moins l'emplacement de la maison. Dans la grotte où nous avons entendu la messe, il y a encore deux colonnes qui restent de l'ancien temple.

Nous sortons par un autre côté, et le moine nous mène à travers le village jusqu'à l'endroit où était l'atelier de St. Joseph. On a élevé là une jolie chapelle dans laquelle ce qui nous frappe surtout, c'est un tableau de Lafont qui représente la Ste Famille; il se détache de cette peinture une telle expression de vie et de naturel, que nous restons longtemps à la contempler.

Nous montons plus haut sur la montagne et entrons dans un autre sanctuaire; au milieu se trouve un énorme bloc de granit; là, nous dit-on, Jésus a mangé avec ses disciples.

La petite ville de Nazareth est propre et jolie. Les rues étroites sont pavées de blocs de pierre, les deux côtés sont plus hauts que le centre, ce qui forme comme une grande rigole pour l'écoulement des eaux et le passage des animaux. Les Nazaréennes sont belles et ont des yeux magnifiques; leur teint est très blanc, elles ne sont

NAZARETH: FONTAINE DE LA VIERGE

pas voilées étant catholiques pour la plupart; elles paraissent très timides et surtout très fières et sérieuses.

L'après-midi nous nous rendons à la Fontaine de la Vierge. C'est la seule et unique source du pays; c'est donc bien là que Marie venait puiser de l'eau pour son ménage. A certaines heures de la journée, toutes les femmes viennent faire leur provision d'eau et en les voyant, drapées dans leur tunique élégante et gracieuse, nous nous représentons la Vierge, son amphore sur la tête, venant à cette fontaine qui, à travers les siècles, a gardé le nom de "Fontaine de Marie".

21 janvier 1905, samedi.
NAZARETH.

Notre voyage en Palestine doit se faire en campements, c'est le seul moyen pour voir bien un pays où il n'y a ni routes ni chemins de fer; pour cela il faut un équipement complet et un nombreux personnel. Mais toutes les dispositions ont été prises d'avance et nos tentes sont arrivées hier soir. Nous allons donc les voir ce matin, Selim, notre drogman, les ayant fait monter afin que nous ayons une idée de notre futur logement jusqu'à notre arrivée à Jérusalem, c'est-à-dire une dizaine de jours au moins.

A un tournant du chemin, nous découvrons notre campement; bien placé dans une petite vallée verte et riante, il fait un très bel effet. Nous avons neuf tentes en tout: deux salles à manger, deux cuisines, la chambre de Maman et de Miss B., la nôtre avec Mademoiselle J., la tente de Papa, celle de Louis et celle de M. de la Huerta. Nous avons besoin de ces deux cuisines, de deux cuisiniers et de deux services; l'une va toujours avec le campement qui s'installe à un endroit désigné pour le soir et la nuit; mais pour le déjeuner, à la halte de midi, à mi-chemin à peu près, il faut un second service de cuisine et de salle à manger; celui-ci doit quitter le camp au petit jour, afin que tout soit prêt à notre arrivée. Nous n'avons pas voulu nous soumettre, comme généralement font les touristes, au déjeuner froid de midi; c'est pour

NAZARETH: NOTRE CAMPEMENT

cela qu'il nous faut ces deux services. N'oublions pas, pour compléter le camp, de nommer les deux coquets W. C., un à l'usage des ladies, l'autre à celui des gentlemen.

Les drapeaux portugais, français, espagnol, anglais et ottoman flottent au-dessus de notre village que nous avons baptisé "Sommerville". C'est nous-mêmes qui, la veille, avons fabriqué les drapeaux portugais, et pour l'étendard spécial de notre ville ambulante nous en avons fait un pareil à celui de notre propriété de Cardiga: la Croix du Christ, rouge sur fond blanc; un choix heureux pour se promener en Terre Sainte. L'intérieur des tentes est

ravissant, la toile est toute décorée d'applications d'étoffe
en couleurs vives, style arabe: fleurs de lotus, versets du
Coran, arabesques etc., ce qui donne un aspect gai, pimpant
et coquet. D'épais tapis doublés de toile cirée recouvrent
le sol et empêchent l'humidité de parvenir jusqu'à nous.
La salle à dîner, la plus vaste des tentes, est celle où
nous passerons les soirées. Quant aux chambres, elles
sont confortables au possible; elles contiennent un lit de

LA CUISINE DU DÉJEUNER

sangle très propre, avec un matelas et de nombreuses
couvertures, une table recouverte d'un tapis, un lavabo
et un fauteuil pliant, voire même une glace et un porte-
manteau; rien n'a été oublié.

Nous pendons la crémaillère en faisant sous la tente
un déjeuner délicieux. Notre cuisinier est parfait; c'est
le même, paraît-il, qu'a eu l'Empereur d'Allemagne dans
son voyage en Palestine; il s'appelle "Barrak". Comme
papa a réglé tout d'avance au Caire, nous n'avons
plus à nous préoccuper, ni de la nourriture, ni du per-

sonnel, ni des chambres d'hôtel dans les villes où nous
séjournerons. Tout est prévu et préparé. Nous sommes
parfaitement traités avec beaucoup de commodités et libres
de nous arrêter où nous voudrons. Décidément Cook
est admirable.

Notre caravane se compose de 34 personnes: nous,
les huit touristes, le drogman, les domestiques, les con-
ducteurs des mulets, etc.

LE PALANQUIN DE MAMAN

Naturellement, on ne peut faire ces excursions-là qu'à
cheval, nous rencontrerons peu ou pas de routes et souvent
des chemins à peine practicables. Maman a pour son usage
un palanquin fermé, traîné par deux mules, une en avant
et une en arrière; c'est-à-dire qu'il est à la fois tiré et
poussé. Le palanquin est déjà là et nous l'essayons toutes
pour voir combien il est confortable. Les chevaux de
selle aussi sont prêts et nous les montons pour choisir
chacun le sien; ils sont très bons, même assez vifs, et

courent vite; en somme des bêtes très sûres, résistantes et habituées aux mauvais chemins.

Nous quittons le camp pour retourner encore à la Fontaine de Marie, à l'heure où les Nazaréennes viennent y puiser de l'eau; un charme invincible nous y attire. En passant nous entrons à l'église de l'Annonciation et le reste de la soirée s'écoule gaiement à l'hôtel Germania. Nous n'avons pas voulu coucher à Sommerville à cause du vent qui s'est levé depuis la veille et qui menace d'arracher notre village ambulant. En tout cas, demain matin, s'il fait beau, nous partirons après la messe pour Tibériade, où nous devons camper.

———

NAZARETH, 22 janvier 1905, dimanche.

Quel malheur, mon Dieu! . . . La pluie tombe à torrents; il fait un temps atroce, le vent n'a fait qu'augmenter; nous ne pourrons pas partir! Malgré cela nous allons tous à la messe, bien emmitouflés dans nos manteaux, car il fait un froid épouvantable. L'église est bien chaude et pleine de belles Nazaréennes; nous en voyons une surtout qui a une vraie figure de la Vierge. Leur coiffure est très originale: elles partagent leurs cheveux en bandeaux terminés en deux longues nattes pendant dans le dos. Celles qui n'ont pas beaucoup de cheveux usent d'un artifice très ingénieux: en guise de tresses elles suspendent à leur chevelure des cordes imitant assez bien l'effet de nattes. Elles portent des cercles de séquins tout autour du front; c'est pour cela que les piastres d'un usage courant sont presque toujours trouées.

Le temps se lève, s'il ne pleut plus à midi nous pourrons encore partir. Nous nous hâtons de boucler nos valises et de faire les préparatifs du départ. Nous déjeunons gaiement, mais à peine avons-nous fini que la maudite pluie reprend de plus belle. Furieux, grognant et pestant nous décidons de rester ici encore jusqu'au lendemain; ce n'est pas que nous nous ennuyions à Nazareth, mais il nous tarde de commencer notre vie de nomades.

On expédie un courrier à Cana en Galilée, pour annoncer que nous ne partons pas et pour que le chef ne prépare pas notre dîner. Nous passons l'après-midi à chanter au son d'un orgue qu'on a découvert dans un coin; nous faisons même des gâteaux pour passer le temps. Mais les nuages persistent, à croire que nous ne pourrons jamais partir; et puis il fait un froid terrible, pas moyen de se réchauffer! Et dire qu'à Assouan, le Jour de Noël, nous avions des blouses transparentes et que pendant les longues excursions nous maudissions le soleil! Que ne l'avons-nous maintenant!

TIBÉRIADE, 23 janvier.

Quel coup de théâtre! ce matin il fait un temps superbe, sans nuages et presque sans froid! En hâte nous nous habillons et avalons le déjeuner. Tous les chevaux sont là sous les fenêtres, on les entend hennir et s'agiter. Le palanquin de maman est prêt; elle s'y installe; nous nous mettons en selle et bientôt toute la troupe se déroule dans les rues étroites et boueuses du village. Pour la dernière fois nous nous arrêtons, avec un sentiment de regret, devant la Fontaine de Marie; les femmes, leurs cruches sur la tête, se détournent pour nous voir passer.

Des centaines d'hirondelles volent autour de ce coin privilégié et se jouent sur le bassin.

Après les dernières maisons le chemin devient très pierreux, du haut de la côte nous jetons un dernier regard d'adieu sur Nazareth. Il a tellement plu ces jours-ci que la boue se voit partout, les chevaux s'enfoncent jusqu'aux genoux et la marche en avant est lente et difficile. Enfin, vers 10 heures, nous atteignons Cana de Galilée. C'est là que Jésus fit son premier miracle: la transformation de l'eau en vin aux noces de Cana. Voici la fontaine d'où l'eau provenait, puis dans une petite église orthodoxe on voit l'une des jarres en pierre dans lesquelles eut lieu la transformation.

Nous reprenons nos montures et hâtons le pas, car nous commençons à avoir très faim; malheureusement il est absolument impossible de se mettre à une allure un peu vive; je n'ai, de ma vie, vu un chemin plus mauvais. Il faut escalader le flanc d'une montagne, puis descendre de l'autre côté; c'est extraordinaire, si nous ne nous cassons pas le cou dans ces horribles descentes. Enfin voici le camp du déjeuner, placé dans une grande plaine à moitié inondée; c'est la localité de Loubiéh.

Le dernier morceau avalé, nous reprenons notre voyage par un chemin plus épouvantable encore que tout à l'heure. Malgré cela nos chevaux marchent hardiment et nous descendons la montagne voisine tant bien que mal. Longtemps nous chevauchons en plaine et nous passons devant le mont Hattin qui domine toute la longue vallée; situation admirable pour rassembler ici la multitude et lui faire entendre la parole de Dieu. C'est ce que fit Jésus sur ce mont célèbre, quand il prêcha devant sept mille personnes le beau sermon des Huit Béatitudes; aussi a-t-on conservé à la colline le nom de "Montagne des Béatitudes".

Peu après nous apercevons, perché sur une haute montagne, le grand village de Safed, le pays de Tobie. Deux kilomètres encore et la mer de Tibériade apparaît à nos yeux dans une profonde dépression de terrain. Avec ses eaux bleues et sa ceinture de hauts monts, on se croirait devant un paysage suisse, mais ici c'est plus grave et plus triste. De l'autre côté du lac on voit, vers le nord, le sommet blanc du Grand Hermon. Au pied de

EN VUE DU LAC DE TIBÉRIADE

celui-ci est situé Caesaréa Philippi, limite de la Terre Sainte de ce côté-là.

Nous descendons maintenant vers le lac; le chemin est de plus en plus difficile et presque périlleux à cause de la forte déclivité du terrain. Au bas de la côte nous sommes devant Tibériade, but de notre étape d'aujourd'hui; mais il faut passer par l'extérieur de la ville, car les rues sont, paraît-il, si étroites que le palanquin de maman n'y pourrait circuler.

Sommerville est très bien situé, à 20 mètres du bord du lac, au pied d'une colline et à l'abri du vent. A notre arrivée les drapeaux s'agitent comme pour nous souhaiter la bienvenue; nous sommes heureux de descendre de cheval, car pour une première étape, celle-ci a été longue et dure. On nous sert tout de suite un thé garni excellent, et chacun va s'installer et prendre possession de sa tente. Pendant le dîner nous entendons les chacals qui rôdent autour du campement. On fait des projets pour aller les chasser le lendemain de grand matin, projets qui ne se réaliseront pas. Tout le monde a grand sommeil et après dîner on va se coucher, pour se reposer d'une journée de cheval qui dure depuis 8 heures du matin. Pendant la nuit il tombe une forte averse, ce qui pourrait nous faire craindre pour le lendemain. Les chacals continuent à hurler!

———

TIBÉRIADE, 24 janvier.

Nous avons passé une nuit délicieuse sous les tentes. Comme c'est drôle de se réveiller en voyant le soleil briller à travers le plafond, d'apercevoir l'herbe sous les lits, d'entendre les grillons chanter sous les tapis, et de trouver nos souliers plantés gentiment entre deux touffes d'anémones rouges. Nous nous hâtons de nous habiller, car des troupes de canards volent à travers le lac, et papa est déjà parti avec son fusil pour essayer d'en tuer; nous voulons assister à la chasse, mais malheureusement elle n'est pas fructueuse et nous revenons bredouilles.

A 10 heures, nous nous acheminons vers la ville, qui est habitée surtout par des pêcheurs et nichée sur le bord même du lac de Tibériade, ou mer de Galilée. Pour le moment les rues sont couvertes de boue, et c'est à grand peine que nous atteignons la synagogue. Elle est mal

10

tenue et possède, comme curiosités, des coffres en argent travaillé où les Juifs gardent leur Talmud, c'est-à-dire le recueil de traditions rabbiniques. Nous visitons aussi une petite église franciscaine dédiée à St. Pierre; des tableaux rappellent les évènements qui se sont passés dans ces lieux. N'est-ce pas, en effet, sur les bords de cette mer de Galilée, que Jésus apparut à St. Pierre, après sa résurrection, pour lui faire protester trois fois de son attachement, en expiation des trois fois qu'il l'avait renié?

LAC DE TIBÉRIADE: NOTRE CAMPEMENT

N'est-ce pas dans ce lac de Tibériade que se fit la pêche miraculeuse; et là encore, qu'un jour de tempête, Jésus calma les flots en courroux?

Nous revenons au camp en bateau et admirons le pittoresque de cette petite ville de Tibériade, vue du côté du lac. L'après-midi les hommes prennent leurs fusils et nous nous dirigeons en bateau à l'autre extrémité de la mer de Galilée, vers Capharnaüm. Il ne reste plus grand chose de cette ville, qui fut honorée par le Christ et ses apôtres puisqu'ils y vécurent. C'est ici que le paralytique fut miraculeusement guéri. Nous sommes à une des extrémités de cette grande mer de Galilée qu'on appelle, en outre de Lac de Tibériade, lac de Génésareth. D'ici nous découvrons tout au fond, à perte de vue, l'endroit où le Jourdain sort du lac pour continuer vers le sud.

Tout à coup, une sorte de nuage brumeux semble s'avancer sur le lac; c'est un mauvais présage, paraît-il, car cette mer de Galilée est sujette à des tempêtes subites et terribles. Les marins nous conseillent de reprendre les barques, on déploie les voiles; un vent violent s'est élevé et nos embarcations dansent sur les vagues courtes. C'est étonnant que nous n'ayons pas le mal de mer, mais dans l'autre bateau on n'est pas si vaillant: Mr. de la Huerta devient vert, et Miss Berthe n'est guère mieux. Enfin tout finit bien, et nous jouons le soir à des jeux de société, sans plus penser à la tempête.

Cependant il faut nous coucher de bonne heure car nous partons demain de grand matin. Il y a un clair de lune superbe, et nous nous disons bonsoir sur la Place de la Constitution (nous avons baptisé ainsi le centre du camp), qui, malgré l'illumination céleste, est éclairée par des lanternes vénitiennes.

DE TIBÉRIADE au MONT TABOR.
25 janvier.

Les cloches des mules qui partent, emportant nos tentes du déjeuner, nous réveillent à 5 heures $1/_2$. Nous nous levons bien vite, et à 8 heures tout le monde est à cheval, maman dans son palanquin; Sommerville est démonté et prêt à partir.

Nous contournons la ville et atteignons le haut de la montagne; une dernière fois nous regardons ce pays d'un aspect si solennel: la mer de Galilée et la ville de Tibériade d'où s'élèvent encore pour nous tant de pieux souvenirs!

Jusqu'au Mont des Béatitudes nous faisons le même trajet qu'avant-hier; puis nous obliquons à gauche en direction du Mont Tabor, sur le haut duquel nous devons

TIBÉRIADE

camper. Nous laissons la vallée, où eut lieu le miracle de la multiplication des pains, pour nous engager dans de vastes champs ensemencés de blé, où pointent çà et là des fleurs aux couleurs vives. Peu après nous apercevons le village de Kefre-Sabt habité par des Circassiens. Chassés de la Russie à cause de leur religion musulmane, ils ont reçu du gouvernement turc ces terrains où ils vivent très tranquilles et indépendants, sans payer d'impôts et sans obligation de service militaire.

Le soleil est maintenant très chaud; cependant ce matin, quand nous le voyons se lever derrière les mon-

tagnes de Galilée, nous étions transis de froid. Qui aurait
cru que nous serions si réchauffés à cette heure-ci? Mais
pour le moment nous ne pensons qu'à la faim qui se fait
vivement sentir, aussi c'est par des cris de joie que nous
saluons la vue de nos tentes. Elles sont placées à côté
des ruines d'un ancien caravansérail. C'est là que s'ar-
rêtaient les caravanes allant de Damas en Egypte. Trente
ans auparavant, il y avait encore tant de brigands, qu'une
forteresse s'élevait à côté du caravansérail. Les ruines sont
là pour l'attester. Nous les visitons après le déjeuner, et
comme on nous dit qu'on y trouve de la chasse, Papa
et Mr. de la Huerta prennent leurs fusils. Quand ils nous
rejoignent, le premier tient . . . une grive et Papa un
vilain hibou!

Mais il faut repartir; la base du Mont Tabor est
vite atteinte. Nous nous frayons le chemin à travers
les arbustes et les broussailles; depuis ce matin que nous
marchons, nous n'avons pas rencontré une seule route.
Ici la nature est florissante, tout est vert autour de nous,
c'est riant et pittoresque. De plus le pays ayant la renommée
d'être très giboyeux, nos deux Nemrods s'empressent de
descendre de cheval pour essayer leur chance et leur
adresse. Mal leur en prend, car le guide s'en va en
avant avec leurs chevaux et les voilà obligés de grimper
à pied jusqu'au sommet du Mont; c'est-à-dire, quelques
centaines de mètres presque à pic.

A moitié chemin nous rencontrons un moine espagnol
qui vient pour nous accompagner jusque là-haut; maintenant enfin nous avons une route assez bonne et nous
montons à pied pour nous réchauffer, car le froid est
revenu. C'est une ascension merveilleuse, sur ce chemin
qui serpente le long de la montagne, nous amenant devant
des points de vue grandioses; autour de nous, toujours
de la verdure, des fleurs et toutes ces plantes des mon-

tagnes aux parfums capiteux. Nous assistons à un coucher de soleil féerique qui jette des reflets rougeâtres sur le Grand Hermon.

Nous voici au sommet, près de l'endroit où eut lieu la transfiguration et où St. Pierre ravi voulut dresser trois tentes: une pour le Seigneur, une pour Moïse et une pour Elie. A côté de l'hospice des Franciscains nos tentes sont dressées; nous y faisons notre petite instal-

L'ASCENSION DU MONT TABOR

lation comme chaque fois qu'on arrive au camp, mais notre dîner est servi dans une salle du couvent.

Quand nous rentrons ensuite dans les tentes, nous les trouvons trop froides vraiment; c'est que nous sommes à 600 mètres du niveau de la mer; c'est autre chose que dans la vallée! L'eau est toute gelée, et, décidément, nous préférons coucher au couvent, les dames dans une chambre, les messieurs dans l'autre. C'est très drôle!

Il y a seulement trois moines au couvent; ils sont très gentils et hospitaliers; ils nous offrent du bon beurre qu'ils fabriquent ici même.

MONT-TABOR, 26 janvier.

Nous commençons la journée en entendant la messe dans la petite chapelle du couvent. C'est le père franciscain directeur qui la dit exprès pour nous: le père Norbert, un Allemand très sympathique qui nous montre ensuite les curiosités du Tabor.

Ce sont d'abord les ruines d'une basilique qui avait été construite sur un autre monument, élevé par Ste Hélène.

MONT TABOR: NOTRE CAMPEMENT

Cette sainte avait érigé sa construction en mémoire de la Transfiguration de N. Seigneur, et St. Jérôme affirme que la chapelle principale était sur l'endroit même où eut lieu le glorieux évènement. On voit encore des restes d'autel et les ruines de trois chapelles qui rappelaient les paroles de St. Pierre: "Seigneur, dressons ici trois tentes." Tous ces édifices ont disparu; une première fois ils furent détruits par les Sarrasins. Pendant la croisade de Philippe Auguste et de Richard Cœur de Lion, la basilique fut

restaurée, puis de nouveau ensevelie sous les décombres
que les pères Franciscains ont déblayés.

Du haut des ruines on jouit d'une vue splendide : on
voit le lac de Tibériade, le Mont Hermon couronné de
neige, puis des vallées et des collines à perte de vue.
Nous allons faire une visite aux prêtres orthodoxes qui
ont là une jolie chapelle russe et un établissement bien
tenu, où ils nous offrent une tasse de café. Nous revenons à l'hospice en faisant le tour du sommet du Tabor ;

MONT TABOR: LES PÈRES FRANCISCAINS

le temps est délicieux, beau et chaud ; entre les pierres
poussent de jolis cyclamens ; il y en a une quantité in-
nombrable ; nous en faisons deux énormes bouquets pour
l'autel de la Vierge.

C'est extraordinaire de trouver ainsi à l'état naturel ces fleurs si délicates ; il y en a de ravissantes,
plus belles qu'en Suisse. Le Mont Tabor ainsi couvert
de fleurs et de verdure nous paraît un mont idéal.
Jésus avait bien choisi l'emplacement pour la scène de

la transfiguration et St. Pierre avait raison de dire: "Seigneur, qu'il fait bon ici!"

Nous rentrons déjeuner au couvent. Le bon Père Norbert nous donne des fromages et du beurre fait le matin même et qu'on ajoute à nos provisions de route.

MONT TABOR: DES RUINES

Nous quittons notre chambre, ou plutôt notre dortoir, où rien ne manque, pas même la tête de mort traditionnelle, et nous voilà repartis pour notre longue pérégrination.

Nous descendons toute la montagne à pied, les chevaux attendant en bas. Nous avions l'intention de rester deux jours au Mont Tabor, mais le guide nous dit que, si la pluie revient, nous aurons à attendre dix ou quinze jours avant de pouvoir traverser la vallée. Elle est en effet toute détrempée par les dernières pluies; devant nous va un homme pour sonder le terrain; nous mettons les chevaux à la queue leu leu pour qu'ils suivent les traces de celui du guide. Voici un petit ruisseau mouvant où dix chevaux sont morts complètement embourbés; nous avons très peur, mais heureusement rien de fâcheux ne se produit.

Nous nous amusons beaucoup pendant ces chevauchées; quand le terrain est assez bon pour ne pas avoir à surveiller les montures, nous jouons aux homonymes, aux proverbes, aux portraits, etc.

Tout à coup, nous voyons le ciel très noir du côté de Nazareth, et bientôt une pluie torrentielle se met à tomber. Impossible d'aller vite, les chevaux glissent sur la boue et l'herbe mouillée, et nous recevons une douche glacée qui ne cesse que lorsque nous touchons à l'étape, c'est-à-dire, à notre camp de Naïm.

Les tentes sont à côté de l'église élevée en mémoire de la résurrection du Fils de la veuve de Naïm; la salle à manger se trouve dans la sacristie. A peine installés nous allons à la chapelle, où un beau tableau représente le miracle de Jésus Christ. Le soir nous jouons aux coq-à-l'âne, jusqu'à l'heure de nous mettre au lit.

—

De NAIM à DJENIN, 27 janvier.

Ce matin il fait si froid qu'il faut un réel courage pour faire sa toilette. En passant la tête hors de la porte, nous voyons le sol complètement blanc de givre. Cependant, à l'intérieur des tentes, la température devient très supportable et elles s'échauffent même très vite rien qu'avec un petit réchaud allumé qu'on nous apporte chaque matin. Nos appartements ont tous les avantages à la fois d'une chambre à coucher et d'un jardin : on est dans une maison et en même temps on peut s'amuser à faire des bouquets avec les fleurettes qui passent entre les tapis ; ou bien, tout en s'habillant, à chercher des trèfles à quatre feuilles sous les lits.

Chaque jour, dès que la toilette est achevée, nous remettons en place tout ce qui a été sorti des malles et des sacs. Nous avons acquis une grande habileté dans ce genre de travail, et nous bouclons tout en cinq minutes.

A 8 heures et demie du matin nous sommes tous en selle. Jusqu'à Jizréel le chemin est assez bon, mais il faut dire que nous ne sommes pas difficiles car, en fait de routes, nous n'avons pas été gâtés jusqu'ici ; pourvu que les chevaux ne s'embourbent pas jusqu'aux genoux ou que les pierres ne les fassent pas trop buter, nous nous trouvons très satisfaits.

Voici Jizréel où est le campement du déjeuner. Ce qui est aujourd'hui un misérable village fut autrefois la capitale des dix tribus d'Israël. On voit encore, au centre, une espèce de tour au-dessus d'une terrasse ; c'était là le palais de la reine Jézabel et du roi Achab, parents de la fameuse Athalie, celle que R a c i n e a immortalisée dans sa tragédie. Là, dans la vallée de Jizréel, devait être la vigne de Naboth convoitée par Jézabel. Celle-ci fit tuer Naboth pour s'emparer de son bien. On sait la fin tragique de cette reine qui fut dévorée par des chiens.

Dans les rues du village nous rencontrons de bien beaux types parmi les indigènes ; nous tirons plusieurs photographies, entre autres celle d'un enfant qui est d'une beauté vraiment rare, avec ses immenses yeux, ses traits fins et ses cheveux blonds bouclés. Le hameau se compose d'une vingtaine de huttes en terre battue. Nous en visitons une; elle est assez propre, mais ne communique au-dehors que par une porte basse et une seule ouverture étroite par où passent l'air et la fumée; c'est dans cette pièce unique que loge toute la famille.

Nous voyons deux magnifiques peaux d'hyènes qui ont été tuées la veille; il paraît que la vallée est infestée d'hyènes et de chacals. Mais il est 2 heures, il faut repartir. Les chemins continuent à être mauvais; toujours cette boue où nos coursiers s'enfoncent, mais on s'en tire tout de même très gaiement: nous chantons et nous faisons des vers pour charmer les ennuis de la route.

Voici Djenîn que nous atteignons à l'heure du thé; le campement est superbe, c'est le meilleur emplacement que nous ayons eu jusqu'ici. A notre arrivée, nous trouvons tous les habitants du village autour de Sommerville. Djenîn est une petite ville fort bien située et très bien pourvue d'eau; nous nous arrêtons longtemps vers la fontaine centrale où les femmes viennent remplir leurs cruches. tandis que les hommes mènent les animaux à l'abreuvoir. Au-delà du village et de notre camp, c'est la campagne. Nous nous y aventurons à pied, mais nous rebroussons chemin à la vue d'un animal qui court devant nous. Est-ce une hyène ou tout simplement un chacal? En tout cas nous trouvons plus prudent de rentrer au campement.

Après le dîner, Mr. de la Huerta et Luiz vont chasser les chacals. Pour nous faire croire qu'ils en ont rencontré, Mr. de la Huerta, qui imite très bien leurs cris, se met à exercer son talent; puis ils tirent plusieurs coups de feu, mais nous ne sommes pas dupes de leur farce.

———

JIZRÉEL : PALAIS DE LA REINE JÉZABEL

De DJENIN à SAMARIE, 28 janvier.

Par un grand froid, (une température certainement au-dessous de zéro degré), nous montons sur nos chevaux pour commencer notre 9-ème jour d'expédition à travers ces lieux saints. Nous laissons la Galilée derrière nous pour entrer en Samarie; ces deux provinces, avec la Judée, forment toute la Palestine. Le pays est tout à fait différent, car au lieu de l'immense plaine d'Esdraélon qui

NOTRE CARAVANE EN MARCHE

couvre la plus grande partie de la Galilée, nous avons maintenant un terrain montagneux.

Ici nous passons la plume à Mr. de la Huerta.

"Le chemin ne fait que monter et descendre à travers les collines de Samarie et nous sommes à chaque instant obligés de descendre aussi de nos chevaux et de remonter plus loin. Certains passages sont même dangereux; ce sont des rochers glissants, des pierres roulantes, et nos malheureuses bêtes ne savent où poser les pieds. Aussi il y a quelques chutes: 1° Mademoiselle, qui glisse très gen-

timent de son cheval; 2° le Baron (**Mr. de la H.**), qui
tombe aussi, quoique moins gentiment, ou disons plutôt
(pour ne pas répéter le mot gentiment) d'une façon moins
élégante, mais pourtant, irréprochablement cavalière;
3° Luiz, qui ayant échangé son cheval avec celui du
drogman, une bête (le cheval) de beaucoup de sang arabe,
énergique et parfois indomptable, fait une chute sérieuse
en passant par-dessus la tête de sa monture; tout cela

DJERBA: LA TENTE DU DÉJEUNER

pour avoir voulu arriver trop vite à son déjeuner de peur
que Blanche ne le mangeât tout entier. Il se relève avec
quelques contusions aux mains et à la tête, mais en compensation, comme le savant Berthelot, il en sort un peu
moins bête.

Nous traversons les villages de Kubâtieh, Sanûr et
Béthulia; ce dernier est regardé comme le lieu où Judith
trancha la tête au général Holopherne pour délivrer son
pays.

A Djerba, où nous attend le lunch, nous arrivons un peu en retard, ayant été obligés de faire un grand détour pour éviter une vallée inondée. La pluie qui nous menaçait au départ se change en un vent terrible et glacial; c'est peut-être moins mal ainsi mais en tout cas bien désagréable.

Dans le trajet de l'après-midi, nous voyons la riche plaine de Dothan où Joseph fut vendu par ses frères. Tout au loin on voit briller la Méditerranée, et le souvenir du Mariout nous fait encore frissonner d'horreur. Enfin nous atteignons Samarie sans accidents. En attendant que Sommerville soit complètement bâti, nous faisons le tour de l'ancienne Samaria, appelée maintenant Sébastiyeh: c'est là que se dressait le palais d'ivoire du roi Ahab. Nous voyons les restes de la grande colonnade datant du temps où la ville fut au pouvoir d'Hérode; cette avenue de colonnes ornait alors la grande rue de la cité.

Le campement est prêt, mais le vent de plus en plus fort le rend presque inhabitable. Nos hommes avaient d'abord eu l'intention de le dresser sur un terrain enclavé dans la mosquée (ancienne église de St. Jean); ils avaient même obtenu l'autorisation du Cheikh de celle-ci; mais celui du village s'opposa au projet, alléguant qu'on ne devait pas faire une hôtellerie d'une mosquée. Et il nous fallut aller camper dans un endroit plus exposé aux fureurs du vent."

De SAMARIE ou SÉBASTIYEH à NABLUS.
29 janvier.

Vers le matin le vent redoubla encore de violence, et les domestiques furent obligés de veiller toute la nuit pour consolider à chaque instant les tentes qui menaçaient

11

de s'envoler. On se serait cru couchés dans d'immenses éventails.

Le froid est intense quand nous sortons de nos lits. Tout le monde grogne et se hâte pour quitter plus vite ce lieu où règne un tel sirocco. Avant de monter à cheval nous allons visiter l'ancienne église de St. Jean, bâtie sur le lieu où fut enterré St. Jean Baptiste. Dans une des salles se tient une école d'enfants indigènes. Nous descendons dans la crypte où sont trois tombes, celle de St. Jean Baptiste, celle du prophète Elisée et celle d'Obadiah; mais ce ne sont que les représentations des véritables tombes qui sont en-dessous.

Nous voici en selle; les malheureux cavaliers qui ont ramassé une pelle hier ne s'en ressentent plus aujourd'hui, si ce n'est Mr. de la Huerta dont la jambe est restée assez endolorie pour le faire boter. Il fait un froid terrible, tous les cours d'eau sont gelés; le vent surtout nous pénètre jusqu'aux os et entrave notre marche; le chemin est montagneux et assez mauvais, mais nous atteignons enfin une belle route carrossable qui va ainsi jusqu'à Jérusalem.

Voici des oliviers, des jardins, des vergers; c'est Nablûs, une des villes les plus importantes de la Palestine. Mais comme c'est dimanche, on a fait prévenir de notre arrivée le père directeur de la mission catholique de Nablûs et il nous attend pour dire la messe. Nous nous dirigeons directement vers l'église, qui se trouve dans le couvent même où nous coucherons ce soir.

Nos tentes du déjeuner ont été plantées à l'entrée de la ville et nous invitons le père missionnaire à partager notre repas.

Ensuite vient la visite de la cité, si importante au point de vue historique; c'est la Shechem des Hébreux et la Néapolis des Romains. Nous montons dans des rues d'un cachet

NABLUS: LE COUVENT ET LA MOSQUÉE

oriental tout particulier; la plupart sont des rues couvertes;
on se croirait dans des tunnels, car elles sont parfois très
sombres; les maisons, d'un côté à l'autre, sont ·reliées
entre elles par d'autres maisons construites sur les arcades.
Partout des "moucharabieh" et de grands balcons soigneu-
sement fermés aux regards des curieux.

Cette ville est la capitale des Samaritains, ou plutôt
de ce qui reste des Samaritains, car cette secte israélite

NABLUS: TENTE DU DÉJEUNER

tend de plus en plus à disparaître; ils ne sont ici que
cent cinquante. Nous allons d'abord à leur synagogue, où
nous sommes reçus par leur Grand Rabbin. C'est un vieillard de belle prestance et d'aspect très vénérable; il se
dit le descendant direct d'Aaron. Il nous fait voir un
coffre dans lequel est gardée l'ancienne copie du Penta-
teuque, ou les cinq livres de Moïse. Ils sont écrits en
caractères hébreux, et le Grand prêtre nous dit qu'ils ont
plus de trois mille cinq cents ans.

Nous achetons la photographie du Grand Rabbin,
qui consent même que Louis le tire avec son appareil,

et après avoir pris congé le lui, nous entrons dans la maison de l'ex-gouverneur de Nablûs. D'abord un salon entouré de divans et de petites tables où l'on sert le café; puis nous voyons trois cours intérieures qui se trouvent être en même temps le toit de l'étage inférieur; ces cours sont pavées de marbre et ornées d'orangers et de palmiers.

Les principales productions de Nablûs sont les savons et l'huile; nous visitons une de ces savonneries où règne une grande activité. Les bazars aussi sont intéressants; la ville a beaucoup de cachet et c'est une des plus curieuses que nous ayons vues jusqu'ici; ces rues à arcades sont bien étranges, avec toutes ces boutiques et tant d'animation. Le costume aux couleurs vives des indigènes est très pittoresque, leur type juif très prononcé. Mais nous avons parcouru toute la ville, toujours à pied, il faut rentrer au couvent pour se reposer.

Nous dînons avec le missionnaire et son aide, un prêtre maronite d'un genre assez ordinaire; pendant la soirée, que nous passons dans le vaste hall du couvent, il fume son narghileh, faisant gargouiller l'eau très fort, à notre grand dégoût.

———

De NABLUS à TOURMUS AYA,
30 janvier.

Nous avons à faire onze milles par une route, une vraie route cette fois. Une partie de la bande: maman, papa, Melle. et Miss vont en voiture; et nous deux, le Baron de la Huerta et Louis, à cheval. Au bout de onze milles il faudra de nouveau quitter la bonne route et chacun reprendra sa monture.

LE PUITS DE LA SAMARITAINE

Nous sortons de la ville et passons devant un cimetière musulman. A peu de distance de Nablûs, premier arrêt pour la visite au puits de Jacob, plus connu sous le nom de puits de la Samaritaine. Un prêtre schismatique grec nous précède à travers un jardin d'où l'on atteint les ruines d'une chapelle; ce sont des colonnes et des chapiteaux de marbre blanc, débris de l'ancienne basilique, construite par Ste. Hélène au-dessus du puits. Nous pénétrons sous terre; c'est là que Jésus est venu se reposer un instant et demander à boire; là qu'il a converti la Samaritaine, et à sa suite, beaucoup d'autres Samaritains.

Le puits est là; de la margelle on laisse tomber une petite bougie allumée pour se rendre compte de la profondeur qui est considérable. Nous tenons naturellement à boire un peu d'eau, qui est très bonne.

La route nous conduit ensuite dans un passage entre deux montagnes. C'est ici que Josué et les représentants des douze tribus se tenaient pour lire, au peuple rassemblé dans le haut, les commandemants de Dieu. C'est là, qu'aujourd'hui encore, pour la fête de Pâques, le Grand Rabbin monte offrir ses sacrifices. On assure, d'après une expérience faite ici, qu'une parole claire prononcée dans la vallée est distinctement entendue dans tout l'amphithéâtre formé par les deux montagnes. Au loin nous voyons le tombeau de Joseph.

Pendant une heure et demie nous profitons de la bonne route, tantôt au trot, tantôt au galop. Mais à 11 heures la fête finit; les autres chevaux doivent être repris et jusqu'à 1 heure nous allons, sans nous arrêter, par de vrais sentiers de chèvres. Aujourd'hui il fait beau et chaud; nous enlevons même nos manteaux, ce qui ne nous est pas arrivé depuis longtemps. L'horrible vent de la veille est absolument tombé, mais

au moment du déjeuner il commence à pleuvoir légère-
ment. Ce n'est rien, heureusement; quand nous nous
mettons en selle le beau temps est déjà revenu.

Le paysage, bien que plutôt aride, n'est pas désagréable; voici une montagne à franchir, puis la vallée à
traverser, des collines à contourner, et nous arrivons au
village de Shiloh. Son importance vient surtout de sa con-
nexion avec l'arche d'alliance; c'était là en effet qu'était

LA CUISINE ET LA TENTE DU DÉJEUNER

construit le temple qui abritait l'arche sainte. Il reste
encore les pylônes et une pierre sur laquelle est sculpté
le vase qui contenait la manne sacrée. Le temple était
un peu en dehors de la cité; dans le village même se
voient les restes de la maison d'Elie.

Au bout de quelques milles, nous laissons le chemin qui mène à Sinjil et allons vers le village de
Tourmus-Aya où est notre dernier campement de Palestine, car demain nous coucherons à Jérusalem. Plusieurs
jours seront consacrés à la visite de la ville sainte, puis

nous reprendrons notre vie de bohémiens jusqu'à Beyrouth, probablement. En attendant, nous sommes ravis
avec notre dernier camp qui est très bien installé et ne
nous a jamais paru si confortable; c'est pour nous donner
des regrets!

———

De TOURMOUS-AYA à JÉRUSALEM,
31 janvier.

Il a gelé toute la nuit et la campagne est complètement couverte de givre. Nous n'avons qu'une demi-heure
de cheval à faire ce matin, les voitures qui doivent nous
mener à Jérusalem venant au-devant de nous. Avec elles
arrive un courrier, nous apportant un gros paquet de lettres.
Il y a si longtemps que nous sommes sans nouvelles de
la famille que chacun se hâte d'ouvrir sa correspondance.

Nous passons bientôt la frontière de la Samarie pour
entrer en Judée. Des trois provinces de la Palestine, c'est
la Galilée la plus fertile; vient ensuite la Samarie et enfin
la Judée, qui est aride et dénudée. Son unique ornement
consiste en oliviers, qui, il faut le dire, sont très beaux
ici et croissent même du milieu des pierres et des rochers.
La route est excellente, aussi à 11 heures et demie nous
atteignons le campement. Il est situé près de Bîreh, le
village où Joseph et Marie, revenant de Jérusalem, s'aper-
çurent qu'ils avaient perdu Jésus; en mémoire de cet
évènement, Ste. Hélène fit élever un temple dont nous visitons les ruines après le déjeuner.

Notre campement entier vient d'arriver et Luiz tire
en groupe nos 45 mules chargées, nos chevaux et toute
la troupe des domestiques. Puis nous reprenons les voitures; une quantité d'oiseaux vole en bandes au-dessus

de nos têtes, et papa et Mr. de la Huerta tuent une demi-
douzaine d'étourneaux. Nous passons devant le village
où naquit le prophète Samuel et plus loin devant celui
où il mourut.

Une heure plus tard les voitures s'arrêtent au-dessus
d'une colline et nous voyons à nos pieds une grande ville
à l'aspect grave et riant à la fois, d'où surgissent çà et
là de grandes coupoles et de longs minarets gris. C'est

BIREH: TENTE DU DÉJEUNER ET PERSONNEL

la Cité Sainte, c'est Jérusalem que les croisés saluaient
de leurs chants d'actions de grâces, c'est le lieu où il y a
19 siècles fut sacrifié Jésus.

D'ici déjà on voit, au centre de la ville, le dôme du
Saint-Sépulcre et à gauche, voici le Mont des Oliviers.

Nul bruit n'arrive jusqu'à nous, rien de ce mur-
mure confus qui s'élève aux approches des grandes
villes; pas de fumée non plus, ni d'usines, ni de gares,
qui enlaidissent tellement les abords des cités; tout
semble respirer la paix et la tranquillité et on se sent
saisi de respect. Nous descendons par les lacets capri-

BIREH: RUINES DU TEMPLE

cieux de la route pour atteindre l'entrée de la ville; nous n'en voyons que peu de chose pour le moment car les voitures nous mènent droit à l'hôtel.

JÉRUSALEM, 1er février.

L'après-midi notre première sortie est pour la visite du Saint-Sépulcre. Il fait un temps triste et gris, la pluie tombe par intervalles; il a neigé toute la nuit et les collines d'alentour sont poudrées à blanc. Il faut traverser le quartier commerçant: des rues étroites et sales bordées de boutiques; celles-ci, à mesure que nous avançons, ne contiennent bientôt plus que des objets de piété. On descend un pavé en gradins et à un tournant nous nous trouvons sur une petite place, devant un grand portail sombre, au-dessus duquel on aperçoit des coupoles noires: c'est l'église du Saint-Sépulcre! A l'entrée, à gauche, un grand divan sur lequel sont assis des Turcs, les gardiens du lieu. C'est ici un édifice bien différent des églises qu'on voit d'ordinaire et c'est plutôt une impression d'étonnement qu'on éprouve à l'arrivée.

Construction grandiose et immense puisqu'elle englobe dans son enceinte les places où s'est consommée la Rédemption du monde. C'est pourquoi il y a un grand nombre de chapelles qui sont réparties entre différents cultes: catholique romain, grec schismatique, et arménien. Il paraît que cette diversité de cultes donne parfois lieu à de regrettables conflits, mais nous avons la chance de visiter le St. Sépulcre dans une époque de calme, et nous pouvons le parcourir tout à notre aise.

Nous voyons d'abord, à l'entrée, une grande dalle de marbre, c'est la Pierre de l'Onction sur laquelle, dit-on,

Jésus fut déposé au moment où on le descendit de la croix. Mais nous nous hâtons vers le point principal de l'édifice, celui vers lequel des milliers de pélerins se dirigent depuis tant de siècles!

C'est un monument isolé au milieu d'un espace vide de l'église; quelques marches à monter, puis une petite chapelle d'abord, toute en marbre: la "chapelle de l'Ange", au milieu de laquelle on montre, sur un piédestal, un morceau de la pierre où s'assit l'Ange venant annoncer aux Saintes femmes que Jésus de Nazareth était ressuscité. Devant cette petite chapelle brûlent nuit et jour quinze lampadaires dont cinq appartiennent aux catholiques, cinq aux Grecs, cinq aux Arméniens.

Mais tout ceci n'est que le vestibule du sépulcre; au fond de la chapelle de l'ange est taillé un passage étroit où on pénètre en se baissant et qui conduit devant l'autel même du tombeau. Et c'est là, sous un revêtement de marbre, qu'est conservé le rocher où le Christ reposa pendant quelque temps après sa mort.

Il faut attendre que les premiers arrivés soient sortis pour pouvoir pénétrer à son tour car on a juste la place pour trois ou quatre devant cette pierre vénérable.

Combien de pieuses âmes sont venues prier ici et baiser dévotement le marbre! Nous nous y agenouillons à notre tour et nous nous laissons aller à notre dévotion.

Au-dessus de la pierre du St. Sépulcre, l'excavation est arrangée en autel et chaque jour des messes s'y célèbrent. C'est un endroit libre pour les différents cultes qui ont le droit d'y officier chacun à leur tour.

Au sortir du tombeau sacré, nous nous arrêtons pour jouir de la vue d'ensemble de cet édifice si curieux et si important qu'est l'église du St. Sépulcre: des autels, des chapelles, des colonnes, des passages ... et, dans tous

L'ENTRÉE DU SAINT SÉPULCRE

12

les coins, ces lampes de couleur qui jettent dans l'obscurité du monument leurs lumières diverses.

Voici ensuite un autel dressé devant l'endroit où, après sa mort, Jésus apparut à Madeleine et la chargea d'aller répandre la nouvelle de sa Résurrection. Quelques escaliers et nous sommes dans la chapelle exclusivement catholique; elle appartient aux Franciscains, Pères de la Terre Sainte, et fut élevée, dit-on, sur le lieu où Jésus fit sa première apparition à sa Sainte Mère. Sur la droite, on montre à travers une petite fenêtre ronde, une colonne de granit noir, c'est la colonne de la Flagellation.

Un Père Franciscain nous mène dans la sacristie et nous fait toucher l'épée et les éperons de Godefroy de Bouillon ainsi que le collier d'un Croisé.

Les chapelles suivantes sont dédiées à différents épisodes de la Passion: l'une possède la borne sur laquelle Jésus était assis au moment où les Juifs le tournaient en ridicule; une autre rappelle le partage des vêtements du Christ quand les gardiens les tirèrent au sort; une troisième le percement du Cœur de Jésus par la lance.

Puis nous entrons dans une chapelle arménienne, la chapelle de Ste. Hélène; c'est là que, d'une sorte de fenêtre, la mère de Constantin surveillait et encourageait, en jetant de l'or, les ouvriers qu'elle employait à la recherche de la Croix: la vraie Croix et celles des deux larrons avaient été enfouies au-dessous de cette chapelle de Ste. Hélène; un escalier conduit à l'endroit où on les a retrouvées; devant la pierre qui indique la place est un autel appartenant aux Latins.

Maintenant nous montons des escaliers sombres et nous voici au Golgotha. Devant nous un autel grec, très riche, en-dessous duquel se trouve une plaque ronde en argent, percée d'une ouverture au milieu; ce trou correspond à un autre identique pratiqué dans le roc,

c'était celui où s'implantait l'arbre de la Croix! C'est
donc un point sacré entre tous, et quoiqu'il appartienne
aux Grecs, tous les pélerins, de quelque religion qu'ils
soient, tiennent à venir le vénérer.

Au côté droit, un autre autel tout recouvert d'un
placage d'argent et propriété des Latins; c'est là qu'eut
lieu le crucifiement et que les coups de marteaux ont
retenti, enfonçant les clous dans les mains et les pieds du
Christ. Sur la droite s'ouvre une fenêtre dans la chapelle
de Notre-Dame des Douleurs; c'est ici que se tenait Marie,
assistant, muette de douleur, au martyre de son Fils.
Nous admirons un magnifique tableau de la Mater Dolorosa, c'est un don de l'empereur d'Autriche.

On nous fait descendre dans une chapelle grecque
bâtie sous l'emplacement du crucifiement. C'est la chapelle
d'Adam au fond de laquelle on peut voir jusqu'où le
rocher s'est ouvert au moment de la mort du Christ.
En haut nous avions vu la fente, elle s'est donc produite
jusqu'à 15 pieds de profondeur. La tradition prétend que
c'est dans ce lieu que le corps d'Adam se trouvait enseveli
et que le Christ choisit d'être crucifié au-dessus même.
Ainsi son sang, en coulant de la Croix, serait tombé sur
le corps du premier homme: c'était la Rédemption venant
sauver le genre humain. Cette tradition expliquerait pourquoi on représente si souvent la Croix avec un crâne au
pied.

De chaque côté de la chapelle d'Adam, la tombe de
Godefroy de Bouillon et celle de Beaudouin.

Derrière le Saint Sépulcre est le caveau de la famille
de Joseph d'Arimathie. Ce saint homme ayant abandonné
le sépulcre neuf qu'il avait creusé, au profit du corps de
J.-Christ, avait choisi plus loin une autre place. On y
voit plusieurs excavations destinées aux siens et à lui-
même, suivant la coutume juive.

JÉRUSALEM: VIA DOLOROSA

Mais il est tard déjà, nous ne pouvons pour le moment prolonger davantage notre visite. D'ailleurs nous nous proposons de venir encore dans cette enceinte captivante pour y évoquer de nouveau les grandes choses qui s'y sont accomplies et qui font notre Religion. On nous avait dit tant de choses peu engageantes sur le St. Sépulcre que nous craignions un peu une déception; mais loin de là, nous en emportons au contraire une première impression très douce et très consolante. Nous allons à présent vers le Muristan, grand temple protestant; c'est le berceau de l'institution de l'ordre des chevaliers de St. Jean.

De là nous nous rendons dans une sorte de monument religieux grec qui enclave les anciennes murailles de Jérusalem. L'Evangile dit que les lieux saints se trouvaient hors de la ville; aussi des protestants ont prétendu que le Saint Sépulcre actuel était faux puisqu'il se trouve dans un quartier intérieur; mais c'est que la configuration de la ville a bien changé et on a enfermé ces anciens murs qui prouvent, d'après leur situation, qu'à ces temps-là l'emplacement du Saint Sépulcre était bien hors de la cité.

La pluie s'est remise à tomber et nous revenons à l'église du Saint Sépulcre.

La procession journalière que font les Pères Franciscains est en train de se former. On nous donne des cierges et des livres de psaumes, et nous suivons le cortège à travers les nefs sombres de la basilique. Les psalmodies s'élèvent vers la voûte, les Pères s'arrêtent devant chaque autel pour l'encenser et réciter des prières à haute voix; ils répètent cette cérémonie devant tous les lieux rappelant un des mystères de la Passion, même quand ces lieux appartiennent à un autre rite. La procession fait ainsi tout le tour de l'église pour finir devant le Saint Sépulcre. De retour à la chapelle latine on entonne des litanies suivies de la récitation

d'autres prières. Mais jamais nous n'oublierons cette
procession à travers le Saint Sépulcre, et je me reverrai
toujours suivant les Pères Franciscains dans ces lieux
sacrés, à peine éclairés par la flamme vacillante de nos
cierges.

JÉRUSALEM, 2 février 1905.

A 10 heures nous allons entendre la messe à l'église
Patriarcale où préside l'évêque ; c'est une magnifique église
fort bien ornée.

En sortant nous allons à la chapelle du couvent des
sœurs Réparatrices. Deux religieuses sont là, faisant leur
heure d'adoration ; elles ont un très joli costume, tout
blanc et bleu ; la petite chapelle aussi est ravissante, claire
et fraîche et pleine de recueillement.

Dehors les rues sont boueuses ; il fait un temps superbe, mais à cause de l'humidité, nous avons tous acheté
des galoches en caoutchouc ; aussi est-ce très drôle de
voir cette famille de huit personnes, toutes engalochées.

Nous passons par la porte de Damas et arrivons peu
après à la porte du couvent des Dames de Sion. Deux
religieuses très aimables nous montrent la chapelle. Derrière l'autel se voit un arc en pierre d'apparence antique,
c'est l'arc de l'Ecce-Homo, sous lequel on présenta Jésus
à la foule, car le couvent est bâti sur l'ancien prétoire
où le gouverneur Ponce Pilate jugea le Christ. C'est là,
dans cette jolie chapelle, calme et tranquille, qu'il y a
19 siècles retentirent des cris de mort et de haine ! Par
endroits, les dalles de pierre sont les mêmes qu'autrefois.
Et sous les fondations du couvent, jusqu'à l'Arc de l'Ecce-
Homo, se trouve une partie du chemin que fit Jésus

quand, quittant le prétoire, il se dirigea vers le Calvaire:
où finissent les dalles du prétoire commence la voie dou-
loureuse, reconnaissable à ses pavés striés. C'est là le
vrai chemin du Calvaire. Celui que l'on parcourt chaque
vendredi en faisant le chemin de la Croix est exactement
au-dessus et par conséquent au-dessus du véritable emplacement; seulement le niveau du terrain a changé de

JERUSALEM: LA PORTE DE DAMAS

2 mètres. Dans la chapelle nous voyons encore deux
blocs de pierre énormes en forme de piédestal; c'est là,
nous dit-on, que Ponce-Pilate se tenait pendant le jugement.

Nous montons au haut du couvent. D'une des terrasses on jouit d'une vue magnifique; Jérusalem tout
entier s'offre à nos regards: à nos pieds des coupoles,
des minarets, des tours . . . à gauche la grande mosquée
d'Omar; au milieu de la ville, le dôme noir du St. Sépulcre;

au loin, des couvents, des bâtiments russes ou français
pour loger les pélerins pendant les pélerinages. C'est
une vue surprenante car rien n'y rappelle une ville
d'Europe, c'est un genre tout à fait différent.

Nous quittons ce beau couvent, fondé par le révérend
Père Ratisbonne, et nous revenons au New-Hôtel en suivant les ruelles tortueuses; on rencontre des Turcs et

TOMBEAUX DES ROIS DE JUDA

beaucoup de Russes, car ceux-ci étant très croyants
viennent par milliers visiter les lieux saints.

Après le déjeuner nous nous dirigeons dans deux
voitures vers le tombeau des Rois de Juda; toutes les
collines et vallées aux alentours de Jérusalem contiennent
des tombeaux célèbres. Au fond d'une grande cour taillée
dans le roc, s'ouvrent les excavations ou plutôt les
chambres contenant ces excavations destinées à recevoir
les sarcophages des rois; il faut entrer là comme dans
des grottes, avec des chandelles. Nous errons dans ces

souterrains avec assez de difficulté parfois, car il faut passer par d'étroits couloirs hauts à peine de 80 centimètres.

Au-dehors nous retrouvons les voitures qui nous conduisent au Mont des Oliviers. Tout en haut est une mosquée, c'est là le lieu de l'Ascension; une pierre marque la place où Jésus s'éleva aux yeux de ses disciples. Autour de la mosquée qui est abandonnée maintenant, mais dont

CHAPELLE DU PATER

les Turcs ne consentent pas à se défaire, il y a quelques autels de pierre où les catholiques, les Arméniens et les schismatiques viennent célébrer des messes. Nous montons au minaret de la mosquée pour jouir de la vue. D'un côté Jérusalem entourée de ses hautes murailles; devant nous la Porte Dorée par où Jésus-Christ entra en triomphe le jour des Rameaux; en arrière, au loin, la Mer Morte et le Jourdain encadrés par de hautes montagnes dénudées et arides; à nos pieds la vallée de Josaphat et le torrent du Cédron . . . d'ici en haut nous choisissons nos places pour le Jugement dernier.

Nous descendons la colline à pied. Un couvent de Carmélites qui se trouve là, contient un important souvenir pour les chrétiens : c'est la chapelle du Pater car c'est ici que Jésus institua la belle prière du Pater-noster. Autour du cloître du couvent sont de grandes plaques de faïence portant, gravée dans toutes les langues, cette prière si universellement connue ; il y a ainsi une trentaine de plaques et par conséquent une trentaine de langues représentées là.

PAY nosso que estaes n'o ceo, sanctificado seja o vosso nome ; venha a nós o vosso reyno. Seja feita a vossa vontade assim n'a terra, como n'o ceo. O pão nosso de cada dia nos day hoje. Perdoainos nossas dividas, assim como nos perdoamos aos nossos devedores. E não nos deixeis cahir em tentação ; mais livrainos do mal.   Amen.

LE PATER EN PORTUGAIS

Nous continuons à descendre et atteignons un jardin plein de fleurs et entouré d'un grillage en fer.

C'est le jardin de Gethsémanie ou Jardin des Oliviers, celui qui fut témoin de la nuit de l'agonie de Jésus. Un père franciscain nous fait entrer et nous permet de ramasser des feuilles de ces oliviers, près desquels Notre-Seigneur passa sa triste veille. Nous nous agenouillons sur la terre et restons quelques instants à prier pour gagner une indulgence plénière. Il est expressément défendu de toucher aux arbres et nous emportons comme souvenir de ce saint lieu des feuilles d'olivier ramassées à terre, des fleurs et des citrons que nous donne le religieux.

A côté de la porte d'entrée une pierre indique le lieu où Judas donna à Jésus son baiser de traître ; un peu plus loin on montre l'endroit où St. Pierre, dans un mouvement d'indignation, coupa d'un coup d'épée l'oreille du soldat.

Précédés du Père Franciscain nous allons à la grotte de l'Agonie, la retraite où Jésus, s'éloignant un instant de ses disciples, vint se recueillir et s'abîmer dans les angoisses de son agonie. C'est une grotte sombre à peine éclairée par deux lampadaires, mais tout y est très bien entretenu, c'est une chapelle bien propre à la méditation. Heureusement que cette grotte, ainsi que le Jardin de Gethsémanie, appartient aux catholiques, il y a même plus : les catholiques romains seuls peuvent pénétrer dans ces lieux.

Malheureusement il n'en est pas ainsi pour le tombeau de la Ste. Vierge, qui se trouve être une propriété des Grecs schismatiques. Nous y descendons par de larges escaliers ; des deux côtés se trouvent des tombeaux que l'on croit être, l'un celui de St. Joseph, l'autre de St. Joachim et enfin celui de Ste. Anne. Au bas, une chapelle de marbre de la même forme que le tombeau du St. Sépulcre ; on y pénetre donc aussi en se baissant et là, sous le marbre qui le recouvre, se trouve le sépulcre où reposa le corps de la Vierge Marie. Nous nous agenouillons et touchons la tombe avec divers objets de piété que

nous conserverons en souvenir de notre visite. Le sanctuaire est assez grand, tout orné d'argent et de pierres
précieuses selon le goût russe.

A la porte, des lépreux nous demandent l'aumône;
ils se groupent toujours pour mendier en cet endroit où
eut lieu la guérison miraculeuse des lépreux de l'Evangile.

———

JÉRUSALEM, 3 février.
BETHLEEM.

A 8 heures ¹/₂ du matin, nous sommes déjà prêts
à partir. Deux voitures nous attendent à la porte du

JÉRUSALEM: LES VASQUES DE SALOMON

New Hôtel; nous traversons la ville et nous voici en
pleine campagne. La contrée est assez aride, c'est la
Judée, qui, on le sait, n'est pas verdoyante comme la
Galilée. La route est bonne; au bout de deux heures
nous nous arrêtons devant un monument isolé; c'est le
tombeau de Rachel; un peu plus loin on nous indique

l'endroit où l'étoile miraculeuse apparut de nouveau aux Rois Mages à leur sortie de Jérusalem.

Nous passons devant Bethléem sans nous y arrêter, allant d'abord aux réservoirs de Salomon: ils sont au nombre de trois, très larges et très profonds, et chacun a un niveau différent; c'est là qu'était recueillie l'eau de pluie et de source, pour être transportée jusqu'à Jérusalem par un aqueduc dont on voit encore les restes. L'antiquité de ces réservoirs est incontestable, on la fait remonter à Salomon; d'ailleurs leur construction a dû coûter un travail considérable qui n'a pu être fourni que dans un temps de grande prospérité.

(C'est Luiz qui prend la plume.)

"Les vieux murs d'une grande forteresse se dressent au-dessus de la colline, derrière les vasques de Salomon; ces ruines indiquent par leur caduque puissance, l'énorme importance de ces pièces d'eau qui servaient à arroser dans les vieux temps, les immenses jardins du fils de David.

Louis, le photo-paillasse de la troupe, tire une vue d'ensemble de ce site curieux, ensuite nous reprenons les voitures et roulons dans la direction de Bethléem.

Nous voici dans la ville, nous passons par des vieilles rues bordées de nombreuses boutiques; nous rencontrons des femmes coiffées d'une pittoresque cornette pointue et blanche, comme on en voit encore dans les tableaux du moyen âge; et nous atteignons la porte de la vieille basilique construite par Ste. Hélène.

Avec ses quatre rangées de colonnes à chapiteaux de marbre blanc finement travaillés, et ses vieux murs où on distingue encore quelques traces d'anciennes peintures, cette basilique peut être considérée la plus importante de toutes les premières églises chrétiennes en Syrie. Il nous faut attendre assez longtemps qu'on nous apporte la clef de l'église de la Nativité; entourés d'une demi-douzaine d'insupportables vendeurs d'objets religieux nous manquons fort de perdre patience; ils nous harcèlent de tous côtés pour que nous allions acheter dans leurs boutiques les innombrables inutilités que l'industrie locale produit. Enfin la bienheureuse clef arrive dans la main d'un sacristain! il nous fait entrer après avoir repoussé les vendeurs qui ne veulent pas lâcher leur proie.

Nous prions pendant quelques instants dans l'église qui est vaste et n'a rien d'original; puis nous nous engouffrons dans un obscur couloir conduisant à la grotte où St. Jérôme traduisit de l'hébreu l'Ancien Testament. Nous passons ensuite dans deux petites grottes où on a trouvé les ossements de je ne sais quels saints, et pénétrons finalement dans la grotte du massacre des Saints Innocents. Ce n'est pas sans un frisson d'horreur que nous nous rappelons l'ignoble scène du carnage des vingt mille pauvres enfants nouveaux-nés : dans cette minuscule enceinte creusée dans le roc, ont gémi les derniers râles de la mort, tant de voix faites seulement pour appeler leurs mères!

Nous remontons dans l'église, traversons la basilique et descendons un sombre escalier taillé dans la montagne et qui conduit à l'humble grotte où naquit le Maître du monde!

On sait que l'infime gland produit l'énorme chêne et que tout ici-bas naît d'un rien; mais ce que l'esprit a de la difficulté à concevoir, c'est que Celui qui devait avec quelques paraboles, énoncées du haut d'une colline, révolutionner toute la terre, soit né dans cet obscur recoin, caché au sein de la montagne et où la lumière du jour a peine à pénétrer.

Ce ténébreux réduit, illuminé par une douzaine de veilleuses est le berceau d'un drame qui a fini par l'infamant gibet du Golgotha. L'enfant qui a poussé ici les premiers vagissements de la vie dans les bras de sa mère, a consommé le mystère de la Rédemption dans les bras de la Croix, pendant que Celle qui l'avait tenu dans cette grotte, pleurait les larmes les plus amères qu'on puisse jamais verser . . . celles causées par la mort d'un fils."

Ici l'on trouve presque tous les souvenirs qui se rattachent aux premiers jours de l'Enfant Jésus. A droite, dans un renfoncement, c'est l'endroit où les Rois Mages se prosternèrent pour adorer le Nouveau-né; un peu plus loin on montre le lieu où l'Ange apparut à St. Joseph pour lui ordonner de fuir en Egypte, loin de cette terre maudite où la mort de Jésus avait été jurée.

Au sortir de la grotte de la Nativité, on se dirige vers une autre retraite dans la montagne, appelée la Grotte du Lait. La Ste. Famille se serait arrêtée là un instant au moment de la fuite en Egypte et une goutte de lait de la Vierge serait tombée sur le sol, d'où le nom donné à la chapelle souterraine qui maintenant existe là.

Il est déjà tard quand nous montons en voiture. Sur le chemin du retour nous voyons une fontaine où les Mages s'étaient arrêtés, dit-on, pour faire boire leurs chevaux; puis c'est la vallée où se tenaient les bergers lorsque les anges vinrent leur annoncer la naissance de Jésus.

C'est aujourd'hui vendredi et, comme d'habitude en ce jour, les Franciscains font à 3 heures le chemin de la Croix à travers les rues. Nous nous rendons à cette cérémonie. La procession est déjà formée et nous nous mêlons aux personnes qui, comme nous, ont tenu à suivre pas à pas la "Via Dolorosa" en méditant sur la Passion du Sauveur.

Un moine ouvre la marche, s'arrêtant devant chacun des endroits qui fut une des stations du chemin du Calvaire; puis il lit tout haut les prières auxquelles

la foule répond. On traverse ainsi toute la ville, pour
terminer par les stations contenues dans l'église du
St. Sépulcre.

Nous allons ensuite dans la chapelle de Notre-Dame
des Douleurs; nous n'avions pas pu y pénétrer l'autre
jour, car elle était fermée. C'est là que Marie, Jean et
Madeleine se tenaient pendant le crucifiement; il y a au

JUIVES EN PRIÈRES

dessus de l'autel un admirable tableau rappelant cet épisode; les figures de Marie, Jean et Madeleine ont une
telle expression de douleur et d'effroi qu'on en reste tout
impressionné et nous en prolongeons la contemplation.

De là, nous allons assister aux lamentations des Juifs.
On se trouve devant les restes d'une muraille du grand
temple de Salomon. C'est le "Mur des Pleurs" parce que
tous les anciens Juifs de la ville viennent chaque vendredi
soir et dans la journée du samedi pleurer devant ce mur;

ils gémissent sur les malheurs de leur peuple et implorent le Dieu qui les a oubliés ; ils se lamentent en même temps sur leurs ennuis et chagrins personnels, baisant et saluant respectueusement cette muraille sacrée pour eux.

C'est un spectacle triste et imposant en lui-même, mais il ne manque pas d'un certain côté grotesque. Quand nous arrivons, un grand nombre de Juifs, hommes et femmes, sont là, alignés devant les pierres, se balançant en mesure comme des ours ; ils lisent dans leurs livres des invocations qu'ils récitent sur un ton monotone, interrompu seulement par les sanglots et les gémissements des plus fanatiques.

Les descendants de la tribu de Juda, les Pharisiens, se distinguent par leur cos-

MUR DES LAMENTATIONS

tume : ils portent une longue tunique faite généralement de velours violet ou rouge, et sur la tête une coiffure rappelant la forme du tarbouche, mais noire et entournée de fourrure. Les Juifs qui ne sont pas habitants de Jérusalem n'ont le droit de résider que trois mois au plus dans cette ville ; en partant, ils mettent un clou dans les anfractuosités du

Mur des Pleurs pour que ceux qui viennent, prient pour
eux devant la muraille sainte. Près de là se trouve un
petit morceau de terrain sur lequel tous les Juifs ont le
droit d'aller ramasser un peu de terre qu'ils se font mettre
sur les yeux après leur mort.

––––––

JÉRUSALEM, 4 février 1905.

Ce matin nous retournons au Mur des Lamentations
pour prendre des photographies; aucun touriste ne manque
cette occasion. Puis, à travers des rues sales et tortueuses,
précédés par deux "Kaouass" turcs qui sont indispensables
pour la visite de la grande Mosquée, nous atteignons une
vaste place au milieu de laquelle s'élève le temple d'Omar,
à l'endroit où était construit le Temple de Salomon. Détruit
à plusieurs reprises ce temple fut en dernier lieu réédifié
par Omar dont il a gardé le nom, mais sa réelle appellation
est „Koubbet es-Sakhra".

Sur l'immense emplacement dont la Mosquée est le
centre, s'élèvent, à l'entour, plusieurs petits pavillons tout
recouverts de riches mosaïques. Nous visitons le plus
important, celui sous lequel se fit le jugement de Salomon:
c'est le "Koubbet es-Silselé".

Alors nous pénétrons dans la grande Mosquée; les
murs extérieurs nous avaient déjà émerveillés par leurs
riches décors, mais l'intérieur est une accumulation de
richesse et de beauté; cet édifice surpasse de beaucoup
les merveilles, pourtant si vantées, de la Mosquée du Caire.
Une seule, nous dit-on, est supérieure à celle de Jérusalem,
c'est la Mosquée de la Mecque; mais les Musulmans
seulement en savent quelque chose puisqu'aucun autre

MOSQUÉE D'OMAR

mortel ne peut entrer dans la cité; l'étranger qui tenterait d'y pénétrer courrait grand risque d'être tué par les fanatiques Mahométans.

La grande mosquée d'Omar est couronnée d'une vaste et magnifique coupole toute décorée de mosaïque faite de nacre, de verre et surtout d'or. Immédiatement au-dessous se trouve un énorme rocher entouré d'une balustrade, c'est le Rocher Sacré, objet d'une grande vénération chez les Mahométans; personne n'oserait se risquer à marcher dessus, à peine peut-on le toucher de la main.

La tradition juive rapporte que c'est sur ce rocher qu'Abraham monta pour immoler à Dieu son fils Isaac; les Musulmans prétendent que c'est de là que Mahomet fut emporté au ciel; on montre l'empreinte de son pied et tout auprès, dans un grand coffre, on conserve trois poils de la barbe du Prophète.

Le coup d'œil d'ensemble de la mosquée est merveilleux: tout autour du rocher sacré s'étend une vaste enceinte circulaire marquée par des arcades aux colonnes de marbre; les chapiteaux, ainsi que toute la voûte, sont recouverts de ces mosaïques uniques au monde par leur richesse, leur coloris éclatant, la variété et la beauté de leurs dessins; entre les colonnes, dans l'encaissement des hautes fenêtres, on voit briller les vitraux dont la splendeur des teintes est surprenante.

On nous montre encore comme curiosité deux énormes Corans qui ont, paraît-il, huit cents ans, puis nous descendons dans une grotte creusée en-dessous du grand rocher. C'est là qu'Abraham, venant offrir des actions de grâces à Dieu pour avoir épargné la vie de son fils, trouva un bélier destiné à être sacrifié à la place d'Isaac. On nous indique là aussi l'endroit où ont prié Saint-Georges, David et Mahomet; ce dernier aurait même laissé l'empreinte de sa tête dans le rocher et on la fait remarquer à tous les visiteurs.

Dans un coin de la Mosquée, entre les dalles de marbre, se trouve une plaque de jaspe vert dans laquelle Mahomet a enfoncé 19 clous d'or. D'après les Musulmans il doit s'en détacher un de temps à autre, et la fin du monde arrivera quand ils seront tous tombés; un jour le malin esprit allait les détruire tous, mais l'ange Gabriel parvint heureusement à l'arrêter, et il n'en reste plus que trois.

Nous quittons cette belle et riche mosquée pour nous diriger vers l'ancienne église de la Présentation de la Vierge, aujourd'hui convertie en temple musulman. Cette basilique imposante comprend sept nefs; il faut remarquer surtout une magnifique chaire en bois sculpté; plus loin deux colonnes placées l'une près de l'autre. Quiconque ne peut y passer n'ira pas au ciel. Nous avions vu une paire de colonnes semblables dans la Mosquée du Vieux-Caire.

Derrière la chaire on nous montre l'endroit où la Ste. Vierge et St. Joseph ont retrouvé Jésus qui était resté au temple pour prêcher.

En sortant par le portail du fond on descend un escalier qui conduit dans un souterrain: ce sont les anciennes fondations du Temple de Salomon; elles possédaient quatre mille colonnes dont beaucoup ont été restaurées. On appelle ce souterrain les "écuries de Salomon" car ce serait là que ce puissant roi aurait gardé ses chevaux.

Nous nous dirigeons ensuite vers l'église de Ste. Anne, propriété française occupée par les Pères Blancs. La tradition place la maison de Ste. Anne et le lieu où naquit la Ste. Vierge dans la crypte immédiatement en-dessous de l'église. Cette crypte est en majeure partie creusée dans le roc; devant un autel on remarque un petit berceau bleu et or dans lequel repose une petite poupée de cire;

KOUBBET-ES-SILSELÉ. — PAVILLON DEVANT LA MOSQUÉE D'OMAR

c'est le lieu de naissance de la Vierge. Elle vécut trois ans dans cette maison avant d'avoir été consacrée à Dieu; plus tard elle alla vivre à Nazareth avec St. Joseph, mais étant native de Jérusalem elle était obligée chaque année de venir s'y inscrire.

Un des Pères Blancs nous mène à la piscine de Béthesda où eut lieu le miracle de la guérison du paralytique. Plusieurs églises ont été bâties en cet endroit, mais sont tombées en ruines; on s'occupe maintenant d'en reconstruire une autre. Au-dessous du niveau du sol, en travers des décombres, se trouve la piscine, sorte d'étang d'eau boueuse, à laquelle les anciens attribuaient la vertu de guérir toutes les maladies. A l'entrée, l'évangile de St. Jean relatant le miracle et traduit en toutes les langues, est affiché sur le mur.

Nous rentrons à l'hôtel, et l'après-midi on nous amène nos chevaux d'excursions pour aller faire le tour extérieur de Jérusalem, en dehors des murs d'enceinte. Une route à peine tracée conduit au champ du potier, l'Haceldama, qui fut acheté avec les 30 pièces d'argent que Judas jeta dans le temple, après les avoir reçues comme prix de sa trahison. Plus loin nous voyons les ruines de l'ancien mur de la ville et l'arbre auprès duquel le prophète Isaïe fut tué.

Nous apercevons de loin la fontaine de Siloé, témoin du miracle des aveugles et où Marie venait, dit-on, souvent. Nous longeons la vallée de Josaphat; voici le tombeau de Zacharie et un monument qu'Absalom a élevé à sa propre mémoire; tous deux sont taillés à même le roc avec des colonnes et des ornements également en granit.

Une légende musulmane dit qu'à la fin du monde, quand J.-Christ viendra nous juger, chaque personne devra traverser la vallée de Josaphat sur un fil qui reliera la

Porte Dorée au Jardin des Oliviers: les bons passeront, les méchants tomberont dans le fond de la vallée.

Nous rentrons à Jérusalem par la grande route où nous sommes assaillis par une bande de malheureux lépreux qui nous demandent l'aumône.

- - - - -

5, 6 et 7 février.

La pluie tombe sans relâche, les rues sont d'immenses flaques de boue. Par le beau temps elles manquent déjà de propreté, aussi avec la pluie c'est complet. Grâce à nos imperméables et à nos galoches, nous pouvons cependant aller à la messe sans trop nous mouiller.

Le lundi 6, papa, Richard et Luiz partent pour Ramlé, où ils couchent, et de là à Jaffa. Ils ne reviendront que le lendemain. Quant à nous, l'après-midi, nous allons revoir les Dames de Sion où nous achetons différents objets pour la chapelle de Cardiga, puis faire une visite au St. Sépulcre.

Aujourd'hui, 7 février, nous deux et Miss, nous allons en voiture sur la route de Jaffa pour visiter le village où David tua Goliath; ce village est très bien groupé sur la montagne, il offre un aspect propre qu'on ne rencontre pas partout dans ces contrées. Nous voyons un joli coin planté de grands citronniers et nous revenons à Jérusalem par la même route.

Vers 5 heures les voyageurs arrivent; ils sont enchantés de leur tournée à Jaffa et à Ramlé qui les ont fort intéressés.

JÉRUSALEM. 8 février.

Ce matin nous nous levons à 5 heures pour aller communier au St. Sépulcre. Il fait encore nuit et les

RAMLÉ: LA TOUR

étoiles brillent dans le ciel sombre; on y voit à peine dans les rues; quelques réverbères sont encore allumés; le modeste éclairage de ces ruelles se fait à l'huile car il n'y a pas de gaz à Jérusalem.

Nous entendons la messe dans la chapelle même du Saint Sépulcre et nous y recevons la Sainte Communion.

Vers 9 heures, trois voitures viennent nous prendre à l'hôtel pour aller à St. Jean; c'est un joli petit village enfoui dans le fond de la vallée et s'étendant sur le versant de la montagne. Les coteaux sont couverts de vignobles qui donnent, paraît-il, un excellent vin.

Nous visitons d'abord dans une grotte l'endroit où naquit St. Jean-Baptiste; on voit un creux du rocher où Ste. Elisabeth le cacha pour le soustraire au massacre général ordonné par Hérode. Cette grotte se trouve sous le maître-autel de l'église de St. Jean. Celle-ci appartient aux Franciscains qui possèdent là un grand couvent; dans le jardin, beaucoup de cyprès qu'on voit de très loin.

Un chemin de traverse conduit vers le haut de la montagne, il passe devant la fontaine d'Aïn Cârim; des femmes au type beau et sévère sont occupées à remplir des cruches. Un peu plus haut se trouve une chapelle bâtie sur l'emplacement de la maison de campagne de Zacharie et où eut lieu la Visitation.

Nous revenons à Jérusalem et prenons en passant devant le Consulat, trois kaouass, c'est-à-dire des militaires turcs, indispensables pour la visite du Cénacle.

On ne voit que les restes d'une ancienne église des Franciscains bâtie sur l'emplacement de la salle où se fit la Cène et où fut instituée l'Eucharistie. Dans une pièce à côté sont les tombeaux de David et de Salomon, mais les vrais cercueils doivent se trouver dans les souterrains. Nous sommes ici dans une propriété musulmane, car ces lieux ne sont plus aux mains des Chrétiens.

Au nord du Cénacle nous allons à la maison du Grand prêtre Caïphe; voici la cour du palais où St. Pierre renia trois fois son maître; on y voit plusieurs tombeaux de marbre et d'anciennes mosaïques. La chapelle fait partie du couvent arménien et donne accès dans une chambre qui fut la prison de Jésus; les tableaux qui ornent la chapelle sont fort anciens et aussi fort laids. En traversant la cour témoin du reniement de St. Pierre, nous entendons un coq chanter trois fois, curieuse coïncidence!

ST. JEAN DE LA MONTAGNE: MAISON DE LA VISITATION

Nous faisons encore la visite d'une ancienne église arménienne à la sortie de laquelle un prêtre nous parfume d'essence de rose contenue dans un flacon d'argent. En rentrant à l'hôtel nous remarquons un cortège de nombreuses personnes, c'est l'enterrement du Grand Rabbin de Jérusalem.

Cette après-midi nous fermons nos malles; la vie sous les tentes nous a si bien réussi que papa a décidé que nous reprendrions le camp pour aller jusqu'à Damas par le côté Est du Jourdain; ce sera intéressant car nous pénétrerons ainsi bien avant dans la Syrie.

Luiz est désolé, Miss Maddock et Miss Malcolm Kerr viennent d'arriver à Jérusalem, dans notre hôtel! et c'est juste la veille de notre départ! Franchement le pauvre garçon n'a pas de chance. Miss Malcolm Kerr est plus gaie et plus attrayante que jamais; elle revient ravie de son séjour à Khartoum . . . quel malheur qu'il faille partir, mais il faut espérer que nous la reverrons.

De JÉRUSALEM à JÉRICHO, 9 février.

Il fait un temps horrible: la pluie tombe, tombe sans arrêter et dans le ciel gris et sombre ne brille aucune lueur d'espoir pour nous, pauvres pélerins qui allons bientôt partir! Franchement c'est à hésiter entre quitter Jérusalem ou rester. Sur l'assurance qui nous est donnée du beau temps à Jéricho, nous décidons le départ. Miss Maddock et Miss Malcolm Kerr nous font, non pas leurs adieux, mais plutôt leurs "au revoir", car nous les retrouverons soit à Damas, soit à Beyrouth; et nous nous engouffrons dans trois vieilles voitures.

A la pluie vient bientôt se joindre le vent, et c'est à grand'peine que l'on tient fermés les rideaux de cuir de nos véhicules; il faut même mettre ses caoutchoucs, car l'eau entre partout. Elle court sur la route qui paraît changée en rivière, et le vent qui cingle la pluie, enveloppe les voitures d'un tourbillon de vapeur d'eau. La bourrasque devient de plus en plus forte; à un tournant du chemin une des mules qui portent nos bagages est même renversée. Nous avons appris plus tard que la pauvre bête a eu les deux jambes cassées du coup.

Au bout d'une demi-heure nous atteignons le village de Béthanie où se voient les ruines de la maison de Marthe et Marie et le tombeau de Lazare. Mais on croirait que la pluie a attendu que nous sortions de voiture pour redoubler de violence. Et franchement ce qu'on peut voir ici ne valait pas la peine d'affronter un tel déluge, on pataugeait littéralement dans l'eau.

Dans quel état nous sommes, grand Dieu, quand nous nous retrouvons assis sur les coussins usés de notre horrible guimbarde! Nos gants et nos caoutchoucs sont tellement trempés qu'il faut les enlever; on tordrait nos jupes et nous portons au moins un litre d'eau dans nos galoches. Maintenant nous ne regardons même plus quel chemin nous parcourons, nous fermons toutes les ouvertures de la voiture pour ne les rouvrir que deux heures après, quand nous arrivons à l'auberge du Bon Samaritain. C'est dans ces parages que la tradition place l'épisode du Bon Samaritain.

Le petit restaurant est assez curieux, c'est en même temps un magasin où l'on vend un peu de tout. Nous faisons quelques acquisitions: papa achète un collier de Bédouine composé d'amulettes et de grappes de clous de girofle; nous, des roses de Jéricho, dont l'aspect est bien peu engageant et fait plutôt supposer qu'elles sont fausses; Mr. de la Huerta fait choix d'un casse-tête bédouin et de quelques autres objets d'un genre extraordinaire, car il a le talent, quand il achète quelque chose, de prendre tout ce qu'il y a de plus laid et de plus vieux.

14

Nous nous hâtons de quitter l'auberge car une troupe de militaires turcs viennent d'arriver et envahissent déjà la salle d'entrée. Depuis quelques jours à Jérusalem on fait des recrutements de troupes; il paraît qu'on se bat avec les Bédouins du sud qui se sont révoltés du côté de la Mecque.

La route de Jéricho, venant de Jérusalem, est une descente continuelle, il y a mille deux cents mètres de différence, et la Mer Morte se trouve comme dans le fond d'un entonnoir, à quatre cents mètres au-dessous du niveau de la mer.

Le temps s'est levé depuis le déjeuner, il n'y a presque plus de nuages; nous nous arrêtons pour monter sur un monticule d'où une vue merveilleuse s'offre au regard : une gorge profonde et aride aux parois perpendiculaires, au pied de laquelle se déroule comme un fil d'argent le petit torrent de Oûadi Fâra. C'est ici un des plus beaux ravins de Palestine, connu sous le nom de Oûadi-el-Kelt.

Perché pittoresquement comme un nid dans le rocher et surplombant le précipice, il y a un monastère grec, le couvent de St. Elie; on dirait une forteresse faisant corps avec la montagne.

Tout autour de nous les monts forment un grand amphithéâtre; on nous dit que dans ces vallées profondes, riches en retraites cachées et en excavations, de nombreux solitaires ont vécu. C'est à l'endroit où est le couvent grec qu'un corbeau venait apporter à St. Elie sa nourriture.

Bientôt après, à un tournant du chemin, la vue s'étend de plus en plus; on aperçoit la Mer Morte avec sa nappe d'eau bleu foncé, puis toute la grande plaine du Jourdain avec le fleuve sacré et Jéricho.

C'est un tout petit village qui semble perdu au milieu de la vallée. L'hôtel Belle-Vue où nous descendons est assez engageant, car tout y est très propre. Chacun prend possession de sa chambre et nous nous réunissons dans une espèce de grand hall qui fait office de salon.

Soudain nous entendons un cliquetis de sabres dans l'escalier et on voit entrer un général turc, suivi de son état-major. Il se jette sur un divan et sans plus de cérémonies, tend majestueusement les pieds à son officier; très humblement celui-ci enlève les bottes maculées de boue de son Excellence qui reste en chaussettes... de fort belles chaussettes, il est vrai, à raies rouges et vertes!... et cela devant tout le monde, sans la moindre gêne ... C'est l'éducation du soldat turc. Il paraît que cet être impoli est le chef d'expédition des troupes qui vont se battre du côté de la Mecque. Puis voici un des colonels de la suite qui se lève, étend son manteau sur le tapis et fait sa prière en bon Musulman sans se préoccuper de la présence d'étrangers. Ils passent tous là le reste de la soirée; heureusement qu'ils partent demain, car ils font un bruit assourdissant.

JÉRICHO, 10 février.

Aujourd'hui en nous réveillant, nous voyons que le temps s'est mis tout à fait au beau. L'hôtel Belle-Vue porte bien son nom, quoique au fond d'une vallée. Des fenêtres on a un très beau coup d'œil: l'amphithéâtre que forment les hautes montagnes derrière le Jourdain et la Mer Morte; plus près, la végétation étrange et déjà très avancée de ce pays où il fait presque toujours chaud et calme. L'été, il devient même inhabitable, c'est un trou où l'air circule difficilement et les malheureux indigènes qui y vivent toute l'année sont une race dégénérée par suite de ce climat chaud et malsain. Nous sommes presque à 300 mètres au-dessous de la Méditerranée ; la moisson de l'orge se fait ici au milieu du mois d'avril.

Les maisons du village de Jéricho sont dispersées entre ces arbres et arbustes d'une espèce inconnue ailleurs ; notre hôtel se trouve tout à l'entrée du village, au bord d'une large prairie où, pendant la nuit, des chacals rôdent en hurlant. Sur une des plus hautes montagnes on voit, à l'aide de la lunette d'approche, un couvent dans le genre du couvent de St. Elie ; il appartient aussi aux Grecs orthodoxes et est bâti sur le Mont de la Tentation ou Mont de la Quarantaine : el Karantal. C'est là que nous nous proposons d'aller, quoiqu'on nous dise qu'il faille être habitués aux ascensions pour risquer cette pénible montée.

A neuf heures nous nous mettons en route dans trois voitures, mais au pied de la montagne nous trouvons nos chevaux tout prêts. Il y a en cet endroit un large emplacement où sont dressées aujourd'hui quelques tentes ; elles appartiennent à un Anglais, Mr. Sykes, qui doit aller ainsi jusqu'en Perse. En qualité de confrères, puisque nous voyageons aussi en camp, papa, Luiz et Richard ont été prendre le café hier soir chez ce Mr. Sykes.

Nous continuons notre route à cheval ; maman est retournée à l'hôtel, ayant peur de la pluie. Il faut gravir la montagne par un sentier en zigzags qui débouche en haut sur le couvent grec du Djebel-Karantal. La construction en est vraiment curieuse, on la dirait accrochée à la montagne, car la moitié du bâtiment est creusée dans le rocher. Un des prêtres orthodoxes nous conduit au salon où on offre des liqueurs et des gâteaux. Puis, par des couloirs, moitié roc, moitié bâtisse, on arrive dans la chapelle du couvent : c'était la grotte où Jésus passa ses

40 jours de jeûne. On montre encore l'endroit où il s'asseyait.

Le drogman nous propose de monter tout au haut de ce mont de la Quarantaine d'où l'on a une vue superbe. Nous voici en marche le long d'un sentier presque à pic; la montée est rude et la chaleur, qui est devenue excessive, nous fatigue beaucoup; cependant tout en marchant nous ne pouvons pas résister à l'envie de cueillir des petites fleurs rouges et mauves, étranges et bien jolies. Au sommet il y a des ruines d'une ancienne église bâtie par Ste. Hélène sur le lieu de la Tentation de Jésus.

COUVENT DU DJEBEL-KARANTAL

De la plate-forme on embrasse un panorama merveilleux; on découvre même le Mont des Oliviers surmonté de son minaret; de l'autre côté, perdue à nos pieds, c'est la vallée du Jourdain avec le fleuve qui brille entre les arbres jusqu'à la Mer Morte. D'ici, le guide nous indique le chemin que nous prendrons dans notre trajet vers Damas: nous traverserons toute la vallée, puis il nous faudra monter et redescendre cette haute montagne qui se dresse là-bas, au fond.

Nous regagnons le couvent où nous prenons encore du café, puis nous faisons la descente à pied. On peut voir des rangées de cavernes qui, cinq siècles auparavant, étaient habitées par des ermites; à la porte d'une de ces grottes se trouvent même une tête de mort et des osse-

MONT DE LA QUARANTAINE: LIEU DE LA TENTATION

ments qu'on considère encore comme les restes d'un de ces anachorètes.

Au bas, nous voyons un grand bassin dallé, c'est la fontaine d'Elisée. La tradition raconte que l'eau de cette source était d'abord amère, ce dont les habitants de Jéricho se désolaient; alors le prophète Elisée jeta dans la fontaine une poignée de sel, et l'eau devint immédiatement potable et même très bonne.

Quelques pierres écroulées sont les vestiges des anciens murs de la ville qui furent renversés par les fameuses trompettes de Jéricho. On voit aussi dans le village l'endroit où se trouvait, dit-on, la maison de Zachée avec le sycomore sur lequel il était monté.

Les jardins sont remarquables à cause de la végétation étrange du pays : il y a des ceps de vigne d'une grosseur surprenante et dont les branches s'étendent et se ramifient très loin ; des balsamiers dont les fruits donnent une espèce de baume appelé huile de Zachée.

L'après-midi, étant à l'hôtel, nous voyons arriver le Cheikh du pays. Il a une très belle tête et beaucoup de prestance, c'est un vieillard encore très vert ; il porte une épée d'argent fort riche et Mr. de la Huerta, grand amateur de ces choses indigènes, la lui achète pour 15 livres. Papa invite le Cheikh à dîner, et à l'heure dite il arrive en grand costume de Bédouin, très luxueux ; il se tient parfaitement à table et pourrait en remontrer à plus d'un Européen. Il est le chef d'une tribu de huit cents Bé-douins ; il porte plusieurs décorations, entr'autres celle que lui a donnée l'empereur d'Allemagne.

JÉRICHO, 11 février, samedi.

Nous allons aujourd'hui faire l'excursion de la Mer Morte et du Jourdain. Le temps n'est pas engageant, mais n'importe ; nous nous installons dans de vieilles voi-tures et roulons d'abord sur la route. Puis nous entrons dans un chemin glissant et très en pente qui se termine par un tournant brusque, sur le bord d'un torrent grossi par les pluies et qu'il nous faut traverser. Nous le fran-chissons sans accident, quand tout à coup nous entendons des cris et les deux premières voitures, dans lesquelles nous sommes, s'arrêtent brusquement. Nous sautons à terre et que voyons-nous ! Le troisième véhicule, celui qui traînait Luiz et Mr. de la Huerta, vient de verser; il a les quatre roues en l'air, le cocher d'un côté, les chevaux de l'autre. La peur nous saisit d'abord, mais nous nous rassurons en voyant les voyageurs émerger l'un après l'autre et sortir par la fenêtre de la portière. Puis comme il n'y a pas d'accident à déplorer, tout le monde se met à rire de l'aventure.

Mais il faut un certain temps pour remettre la voiture en ordre, relever les chevaux et les atteler de nouveau; enfin nous pouvons continuer notre route. Le Cheikh, qui nous accompagne, suit les voitures à cheval; viennent aussi des gens d'armes bédouins qui nous font escorte depuis Jérusalem. Le pays n'étant pas très sûr, le gouvernement turc exige que chaque caravane se procure une escorte qui doit la suivre partout.

Il pleut par intervalles et le chemin est plein de boue, mais nous voici devant la Mer Morte dont l'aspect funèbre nous saisit: toute grise, entre des montagnes grises, sous une pluie grise; il paraît qu'elle est en général d'un beau bleu comme l'indiquent les cartes postales, mais nous avons peine à y croire.

Les rivages de la Mer Morte sont complètement arides et désolés; l'eau est tellement salée que les terrains environnants sont saturés de sel, et les plantes y croissent rabougries et comme brûlées. Nous goûtons l'eau, on dirait de la saumure, ce n'est pas étonnant si les poissons ne peuvent vivre dans cette mer; on n'y trouve même ni coquillages, ni coraux. La densité du liquide est telle qu'une personne peut se maintenir immobile à la surface. Mr. de la Huerta, qui a toujours des idées extraordinaires, se déchausse et commence à barboter dans les vagues. Nous restons quelque temps au bord de l'eau et reprenons les voitures. La pluie se met à tomber avec violence,

aussi sommes-nous heureux d'arriver au bord du Jourdain
où nous devons déjeuner.

Notre table est dressée dans une sorte de hangar
fait de planches disjointes; mais comme la pluie n'y pénètre
pas nous sommes très satisfaits de cet abri et nous man-
geons là aussi bien que dans n'importe quelle salle à
manger luxueuse et confortable. Le Cheikh déjeune avec

LA MER MORTE

nous, et en bon musulman ne touche ni au vin, ni aux
aliments où il y a du lard.

Nous profitons d'une petite accalmie pour quitter
notre hangar; nous marchons dans la boue jusqu'au bord
de l'eau.

C'est ici, sur cette berge, que St. Jean baptisa
Notre Seigneur; ce serait encore par ici que St. Christophe
aurait porté l'enfant Jésus à travers le fleuve. Chaque
année, de nombreux pélerins se rendent au gué du Jourdain,
ne voulant pas quitter la Terre Sainte sans avoir pris un
bain dans ces eaux sanctifiées. Nous remplissons des

bouteilles pour emporter, nous aussi, un peu de l'eau de ce fleuve saint. Le Jourdain a été grossi par les dernières pluies et ses flots jaunâtres et sales roulent avec impétuosité. Des arbustes très curieux croissent sur les bords; ils sont assez touffus et portent des fruits qui ressemblent à des petites boules de cirage. Nous remontons en voiture et galopons dans la plaine à travers la pluie qui nous accompagne jusqu'à Jéricho.

12 février.

Aujourd'hui il fait presque beau. A midi nous déjeunons encore avec notre ami le Cheikh qui ne cesse de faire des compliments tout le long du repas. Puis nous partons en promenade; les deux chasseurs chargés de leurs fusils. Nous parcourons les alentours de la ville; parfois nous descendons des ravins où l'on enfonce dans la boue jusqu'à la cheville, ou bien il faut sauter par-dessus des ruisseaux; enfin, pour notre compte, nous trouvons cela fort amusant.

Si nous n'avons pas quitté Jéricho plus tôt, c'est que nous attendions une belle journée pour sécher les chemins détrempés. Demain, s'il fait beau, nous continuerons le voyage, disant adieu à la Palestine; et notre premier camp sera à Arak-el-Emir de l'autre côté du Jourdain et des montagnes.

I.

⸗ SYRIE. ⸗

I.

De JÉRICHO à ARAK-EL-EMIR,
13 février.

C'est donc aujourd'hui que nous quittons la Palestine pour entrer dans la Syrie proprement dite. Nous nous doutions bien peu, avant-hier, du temps qu'il ferait pour le départ: jamais, je crois, nous n'avons vu en Palestine un ciel aussi beau, un soleil aussi chaud!

EN ENTRANT DANS LE PONT DU JOURDAIN

A six heures et demie tout le monde est prêt, même M. de la Huerta qui, d'habitude, est toujours en retard. Mais nous avons une longue traite à faire et nous ne

partirons jamais trop tôt. Comme la route est bonne,
pour éviter une fatigue inutile, nous voyageons d'abord
une heure en voiture; arrivés au bout de la route carrossable, nous montons à cheval et marchons vers le
Jourdain.

C'est étonnant comme le beau temps transforme le
paysage; ce même site qui nous semblait si triste avant-
hier, nous paraît maintenant riant. "On ne peut vraiment

SORTIE DU PONT DU JOURDAIN

pas douter que Phébus, avec ses rayons, n'envoie aussi
la gaieté", s'exclame notre ami.

Nous traversons une véritable forêt d'arbustes dont
la plupart donnent ces fruits extraordinaires que le baron
appelle des "petits pots de cirage".

Voici le Jourdain, limite extrême de la Palestine, de
ce côté; un pont en bois relie les deux rives, nous le
franchissons et nous trouvons sur le sol essentiellement
syrien. La plaine est verte et charmante, beaucoup de
fleurs et d'arbres, mais il faut la quitter pour gravir la
montagne qui s'élève devant nous.

NOTRE PREMIÈRE ESCORTE POUR LA SYRIE

Plus nous montons, plus la vue devient belle : toute
la vallée du Jourdain se déroule peu à peu ; à droite,
le petit village de Jéricho ; à gauche la Mer Morte, étince-
lante sous le soleil qui commence à nous rôtir un peu
plus que nous le voudrions. La mer a aujourd'hui changé
d'aspect, au lieu d'être grise et triste, elle est bleue comme
un lac ; c'est d'ici, en haut, qu'on peut mieux juger de
son étendue.

TENTE DE LA PRINCESSE BÉDOUINE

Nous atteignons le campement à onze heures. Après
déjeuner, une Bédouine vient à nous et nous invite à aller
visiter son camp ; elle est la femme du cheikh et c'est là
qu'ils demeurent avec leur tribu. Nous remarquons la
distinction et l'air majestueux de cette femme ; rien d'étonnant, car c'est une princesse, descendante du sultan qui
résidait à Bagdad ; elle est prodigieusement riche ; tous
les terrains environnants lui appartiennent. Le camp que
nous allons voir est leur logement de campagne, qui n'a
pas le luxe des autres tentes ; mais on nous reçoit très
bien ; on nous fait entrer et asseoir sur de grands matelas

15

recouverts de toile de couleur. D'ailleurs, il nous serait
incommode de rester debout, car ces tentes sont très
basses et très étroites, mais elles se rattrapent en longueur.

A peine sommes-nous assis que toute la tribu nous
entoure; il va sans dire qu'on nous offre la traditionnelle
tasse de café; on le prépare complètement devant nous;
nous le voyons griller, moudre et confectionner par le
cheikh lui-même.

LE CAFÉ CHEZ LES BÉDOUINS

Toute la suite s'est assise en rond autour de nous et
tous les yeux sont braqués de notre côté. Les hommes
prennent leurs narghiléhs et quelques femmes fument dans
de longues pipes. Plusieurs de ces Bédouines sont très
belles et ont les traits d'une extrême finesse et d'une
grande régularité; elles touchent nos vêtements avec
curiosité et se font des réflexions l'une à l'autre.

Pendant ce temps le café s'est préparé; une petite
Bédouine prend des tasses sous un des matelas et nous
sert; nous buvons à tour de rôle dans la même tasse;
leur café est bon mais très amer. Puis le cheikh s'ap-

proche, la main sur le cœur, et nous dit, par l'intermédiaire
de notre interprète, qu'il serait heureux de nous offrir
le dîner et l'hospitalité pour la nuit. Nous lui faisons
répondre, qu'à notre grand regret, il nous est impossible
d'accepter son aimable invitation, car nous devons être
le soir même à Arak-el Emîr. C'est vraiment dommage,
non seulement pour l'honneur de dormir sous la tente
d'un grand cheikh, mais parce que cela nous aurait semblé

NOTRE CAMPEMENT A ARAK-EL-EMIR

très amusant; il paraît que nos lits auraient été recouverts
de soieries de Damas et de tapis de Perse.

Nous remontons donc à cheval pour continuer notre
route; le chemin est assez difficile. Vers quatre heures
nous atteignons le sommet de la montagne; nous venons
ainsi de grimper à pic dix huit cents pieds, c'est-à-dire
près de six cents mètres. Maintenant il faut redescendre,
pour remonter de l'autre côté, puis descendre encore, et
ainsi de suite jusqu'au campement. C'est fatigant, car
ces montées sont rudes et les descentes glissantes. Comme

incident de route, nous rencontrons un énorme aigle blanc; il vole très haut et c'est en vain qu'on lui envoie quelques balles.

Il fait presque nuit quand nous atteignons Sommerville. L'emplacement est magnifique; à droite, coule un petit torrent bordé d'arbres, le Ouâdi-es Sîr; à gauche, on voit des pans de murailles écroulées et d'énormes pierres à moitié ensevelies sous les lis et les cyclamens qui poussent ici à profusion; au fond, une grande mon-

ARAK-EL-EMIR : LES GROTTES

tagne à pic dont les flancs sont percés de nombreuses cavernes.

Ce lieu était le siège d'une ancienne place forte dont on attribue la fondation au roi Hyrcan. Les ruines qu'on aperçoit à droite sont les restes d'un grand palais appelé le Château de l'esclave, "Kars el'Abb".

Il y a quelques modifications dans nos tentes; la salle à manger n'est plus celle que nous avions en Palestine; elle est maintenant beaucoup plus grande et oblongue au lieu de ronde; on peut se mettre quatorze per-

sonnes très à l'aise autour de la table, et comme nous
ne sommes que huit, une moitié est notre salle à manger
et l'autre notre salon.

D'ARAK-EL-EMIR à AMMAN,
14 février.

Après le premier déjeuner, nous nous acheminons
à pied vers les ruines du château. Il est assez difficile

ARAK-EL-EMIR: LES GROTTES

d'escalader ces énormes blocs de pierre à peine visibles
sous les broussailles. On voit encore sur les pylônes
les silhouettes de quatre grands lions d'un travail assez
fruste.

Toujours à pied, nous nous dirigeons vers la montagne aux cavernes dont nous parlions hier; c'est une
galerie qui court tout le long du rocher, donnant accès
dans de grandes grottes naturelles. Elles servaient d'écuries pour les chevaux du roi Hyrcan; les mangeoires

existent encore; elles sont taillées dans la paroi du rocher et portent les trous où l'on passait la corde pour attacher les animaux; dans une de ces écuries il y a ainsi des places pour plus de cent chevaux. De nos jours, les Bédouins utilisent encore ces étables naturelles pour y abriter leurs animaux quand ils passent par ce pays.

A l'entrée d'une des grottes, au-dessus de la porte, se voit une curieuse inscription gravée dans le mur.

JEUNES PRINCES BÉDOUINS

L'âge et la signification de ces lettres échappent aux archéologues; cependant certains prétendent qu'elles formeraient un mot analogue à "Salve" et que cette grotte serait une ancienne salle de festins.

Dans la vallée, nous trouvons nos chevaux tout prêts et nous voilà en route. Le chemin est très joli et pittoresque; il faut franchir une montagne couverte de chênes sous lesquels rôdent, nous dit-on, des loups et des tigres! . . . S'il nous était au moins donné d'en voir! En plaine, nous longeons continuellement le torrent;

ARAK-EL-EMIR: L'INSCRIPTION

parfois le chemin s'interrompt brusquement et il faut
traverser l'eau pour le retrouver sur l'autre rive; la rivière
est pleine et le courant très rapide. Un des soldats bédouins va toujours en avant pour sonder le terrain, et,
quand il a passé, toute la troupe s'engage dans l'eau;
celle-ci est assez profonde pour nous mettre dans l'obligation de lever les pieds afin de ne pas nous mouiller
sur nos chevaux. Il arrive que ceux-ci se refusent à entrer
dans le courant ou que, parvenus au milieu, ils ne veulent

ES-SIR: HALTE DU DÉJEUNER

plus avancer; alors ce sont des appels, des cris et des
rires surtout!

Six fois nous faisons ainsi la traversée du torrent.
Nous admirons les restes d'un ancien aqueduc découvert
là, au bord de l'eau; nous sommes dans un site charmant,
au fond d'une gorge étroite et resserrée; puis la route
devient très mauvaise, voire même dangereuse.

Maintenant il nous faut descendre de cheval à cause
d'un arbre aux branches très basses, qui menace de nous

prendre comme Absalon et de nous faire rouler dans le torrent qu'il surplombe.

Nous allons arriver au camp du déjeuner. Déjà l'on voit les drapeaux des tentes à travers les arbres, mais il faut se ranger pour laisser passer une caravane d'une vingtaine de chameaux qui reviennent de mener des militaires turcs à la guerre contre les Bédouins.

Nous sommes campés dans la jolie vallée très boisée, le ''Ouadi Echta'' que nous suivons un peu à pied après

VALLÉE DU JOURDAIN

le déjeuner. Mais au moment où nous voulons remonter à cheval, celui de Papa, qui est très vif, se cabre et saute dans le torrent, entraînant le cheval de Mademoiselle, car ils étaient attachés tous les deux ensemble. Cela prend les proportions d'une petite aventure et fait beaucoup de bruit; heureusement on peut retirer les bêtes de l'eau avant que rien de fâcheux n'arrive et la caravane se remet en marche.

Nous traversons un village circassien, "Es-Sîr", qui s'étend, très pittoresque et très propre, au-dessus du

plateau. On sait que les Circassiens sont des Russes
exilés; ils viennent du Caucase et professent la religion
musulmane. Ils portent le costume russe: la longue redingote serrée à la taille et le bonnet d'astrakan. Cette
colonie est établie ici depuis vingt-cinq ans.

Au sortir du village nous remarquons deux Circassiens
à cheval qui emboîtent le pas derrière nous. Ils suivent
d'abord très tranquillement, puis, tout à coup, ils lancent

ENFANTS BÉDOUINS

leurs animaux et les font sauter par-dessus des murs
écroulés; toujours au grand galop, l'un d'eux charge son
fusil, et, lançant son bonnet en l'air, il le traverse d'un
coup de feu.

Nous nous arrêtons pour voir ces deux cavaliers
intrépides qui continuent à faire de véritables tours
d'adresse, puis, nous saluant très bas, ils disparaissent
à cette même allure vertigineuse. Ils avaient voulu nous
faire ainsi les honneurs de leur village que nous venions
de traverser.

Maintenant nous gagnons la plaine ; encore une autre caravane, puis là-bas sur un monticule, un aigle d'une

EN DESCENDANT LA MONTAGNE

taille extraordinaire. Les trois chasseurs — qui n'ont de chasseurs que le nom et le fusil — se hâtent de sauter à bas de leurs chevaux en préparant leur batterie, mais c'est un gibier difficile à approcher et ils ont beau prendre mille précautions, ils ne peuvent que le tirer de très loin et le rater, naturellement.

On rencontre sur le chemin plusieurs cadavres de chameaux; c'est loin d'être agréable, mais nous les évitons par un détour, car, à une certaine distance, ils nous sont signalés par les corbeaux. Ces immondes oiseaux

RENCONTRE D'UNE CARAVANE

s'attroupent autour de leur pâture et quand ils entendent du bruit, ils s'envolent en criant, formant une nuée noire sur le ciel. On nous explique la présence de ces cadavres; il paraît que le chameau n'étant pas habitué à marcher dans des chemins de montagnes ne sait pas tomber; s'il tombe, il est perdu; il écarte les pattes de devant et glisse sur la poitrine, les os se brisent et se disloquent et l'on est obligé de l'abattre sur place.

Au bout de trois heures de marche, nous atteignons Ammân, important village circassien. Avant d'aller à nos tentes, nous entrons dans les ruines d'une belle basilique byzantine dont la construction est attribuée à Sainte-Hélène. Ammân est l'ancienne Rabbat Ammon, capitale des Ammonites; plus tard, elle devint une des villes de la Décapole sous le nom de Philadelphie; maintenant c'est un village, mais ses ruines font partie des plus belles de l'est du Jourdain.

Notre campement est admirablement placé au bord

CHEZ LA PRINCESSE: ON PRÉPARE LE CAFÉ

d'une rivière et au pied des ruines du grand théâtre. Non loin de là est installée aussi la tente de Mr. Sykes, cet Anglais que nous avons rencontré à Jéricho et qui va en Perse. Le soir, il accepte notre invitation à dîner et nous intéresse fort avec ses récits; il n'a que vingt six ans, mais il a déjà beaucoup voyagé, il connaît à fond les mœurs et le caractère de toutes ces peuplades d'Asie.

Ce jour est en entier consacré à la visite d'Ammân. Nous commençons par le plus près, c'est le théâtre, un des plus vastes et des plus imposants de la Syrie.

Il est placé contre le flanc de la colline et une partie est même creusée dans le roc; en avant s'étendait une colonnade corinthienne dont huit colonnes sont encore

NOTRE CARAVANE

debout. Tout autour de l'arène s'élèvent les gradins en amphithéâtre; au fond se trouvait une loge royale maintenant écroulée, et, en face, se voit encore la scène. Il faut monter en haut de ces nombreuses et vastes rangées de gradins pour avoir un coup d'œil d'ensemble: six mille personnes pouvaient prendre place et assister au spectacle dans cette salle incomparable.

Quel dommage que de si belles choses soient appelées à disparaître; l'herbe envahit déjà les sièges et la mousse ronge la pierre; l'homme ajoute encore à l'œuvre destructive du temps; les indigènes se servent de certains coins de ce théâtre comme d'écuries à chameaux et arrachent des pierres pour construire leurs murs.

A côté du théâtre se trouve l'Odéon; c'est là que les acteurs étudiaient leurs rôles et préparaient les représentations; cet édifice est complètement en ruines, mais on voit très bien encore la beauté des sculptures et des chapiteaux écroulés.

AMMAN: NOTRE CAMPEMENT

Pour aller au village, il faut traverser la rivière en sautant sur de grosses pierres qui en garnissent le lit; c'est un passage assez difficile; maman l'effectue portée sur le dos d'un des Arabes. Tous les habitants sont sur le pas de leurs portes pour nous voir passer.

Les curiosités de ce côté sont d'abord les ruines d'un temple en granit rose, dédié à Vénus. Plus loin, une partie de statue en beau marbre blanc fort bien sculpté, retient notre attention. Puis, c'est une mosquée avec une grande tour de pierre; tout est en granit et, le croirait-

AMMAN: LA MOSQUÉE

16

on? en granit venu d'Assouan. On soupçonne que cet édifice était autrefois un temple païen; maintenant il sert de mosquée et c'est le dessus d'un chapiteau de colonne qui fait office de bassin.

Comme nous restons à admirer les moindres restes, les Bédouins et les Circassiens nous regardent avec étonnement, sans comprendre notre intérêt envers des pierres dépourvues pour eux de toute curiosité.

AMMAN: DES CIRCASSIENS

Au camp, après le déjeuner, nous assistons à une fantasia circassienne qui a lieu devant nos tentes; c'est qu'aujourd'hui, c'est la fête musulmane du Baïram, le jour où le célèbre tapis revient de la Mecque avec le grand pélerinage; c'est un sujet de réjouissances publiques dans tout le monde mahométan.

Les Circassiens, habiles cavaliers, donnent donc une représentation d'exercices à cheval; ils font de véritables tours de force, mais voici le plus difficile à notre avis: on place par terre, et à une certaine distance, des pièces de monnaie; les cavaliers lancent leurs chevaux au grand

galop, se penchent complètement en dehors de la selle
et doivent ramasser l'argent au passage. C'est un exercice
dangereux que nous sommes presque heureux de voir
prendre fin.

Aux gagnants, papa et le baron donnent quelques
pièces d'or.

Vers deux heures et demie, la fête étant terminée,
nous traversons la rivière pour aller faire l'ascension

UNE HALTE

de la montagne derrière le village. Tout en haut, se
trouvait une citadelle datant du temps des Romains; c'est
maintenant un chaos de blocs de pierre et un amoncellement de colonnes cassées; mais la vue qu'on découvre
depuis là est magnifique et très étendue.

Tout auprès sont les ruines du palais, encore bien
conservées; c'était une construction carrée avec des por-
tiques vis-à-vis les uns des autres, une coupole maintenant
écroulée au centre, et des murs creusés en niches.

Nous avions lu sur le Baedeker qu'on trouvait par
ici un beau groupe de dolmens et des menhirs; nous

cherchons de tout côté sans rien découvrir, et, comme
il est tard, nous revenons au campement laissant le baron,
Louis et le drogman, en quête des fameux dolmens qu'ils
disent avoir ensuite découverts . . . C'est douteux!

—

D'AMMAN à IM'ER RUMMAN,
16 février.

A peine avons-nous quitté le campement, vers sept
heures, qu'en passant devant les cavernes percées dans
la montagne, nous en voyons sortir un grand chacal qui
descend à une allure très vive, traverse le chemin devant
notre caravane et continue sa course à travers la campagne.
Un des Bédouins de l'escorte se met à sa poursuite,
mais les chacals sont plus agiles et nous perdons bientôt
celui-ci de vue.

Jusqu'à 11 heures, c'est-à-dire pendant 4 heures, la
route nous mène tantôt en plaine, tantôt en montagne;
cet exercice au grand air aiguise singulièrement notre
appétit et c'est avec plaisir, qu'en gravissant une colline,
nous apprenons qu'elle est la dernière qui nous sépare
de notre déjeuner . . .

Mais, déception! . . . Pas de campement, pas de déjeuner! Où peut-il être! . . . Sélim est certain que nous
sommes dans le bon chemin et que nous ne sommes pas
égarés; tout le monde est perplexe . . . Que sont donc
devenus ces trois petits points blancs, presque imper-
ceptibles que, du haut d'une montagne, nous avions
aperçus dans la plaine et que nous supposions être les
tentes? . . .

Enfin, il faut tout de même continuer à descendre
et ce n'est que longtemps après, en contournant une

dépression du terrain, que nous revoyons les fameux points blancs. Ce sont bien nos tentes, c'est le repas tant désiré! ... En attendant qu'il soit tout à fait prêt, nous cherchons de la chicorée sauvage et préparons nous-mêmes une sauce mayonnaise digne d'un maître-cook.

HALTE SOUS UN CHÊNE

A deux heures, en selle, et, comme la route est bonne et les bêtes très vives, au lieu des quatre heures indiquées sur l'itinéraire nous ne prenons que deux heures et demie pour atteindre le grand campement. Mais en somme, nous avons parcouru trente-trois kilomètres et avons fait pas mal de galop; aussi on se sent un peu fatigué!

D'ailleurs la visite d'Im'er Rummân ne nous attire guère ; ce village est habité par des Turcomans, peuple ouralo-altaïque, demi-turc, demi-tartare, qui vit en Asie-Mineure à l'état nomade ou sédentaire, et a conservé sa réputation de redoutable sauvagerie.

IM'ER RUMMAN : DES TURCOMANS

IM'ER RUMMAN à DJÉRACH.
17 février.

Aujourd'hui, l'étape n'est que de trois heures et demie ; nous quittons Im'er Rummân à huit heures du matin ; la route est assez pittoresque ; nous traversons la petite rivière de Jabbok et nous sommes bientôt en vue du village circassien de Djérach.

Un portique monumental se dresse devant nous, à gauche du chemin ; c'est l'arc de triomphe, autrefois l'entrée

de la Gérasa des Romains, une des plus belles villes de
la Décapole, la seconde en importance ; elle date donc du
temps des premiers empereurs, c'est-à-dire de dix-neuf
siècles auparavant. L'arc, très imposant par sa taille, est
en pierre sculptée et le devant est ornementé de quatre
colonnes.

On aperçoit de là tout l'ensemble des ruines de cette
cité célèbre ; mais nous allons d'abord déjeuner au cam-

DJERACH : L'ARC DE TRIOMPHE

pement, avant la visite qui nous prendra sans doute beaucoup de temps.

C'est escortés d'une cinquantaine de gamins et de
Circassiens, que nous allons aux ruines ; nous sommes
un sujet de curiosité pour le pays, où, depuis cinq ans,
on n'a pas vu un Européen.

Voici d'abord les thermes romains, où de superbes
colonnes en spirale frappent tous les visiteurs. A côté
d'un pont à demi écroulé qui traverse le ruisseau, commence l'avenue des colonnes. On sait que toutes les

DJERACH: L'AVENUE DES COLONNES

grandes cités de Syrie possédaient ainsi une colonnade
qui conduisait au centre ou à l'entrée du principal quartier; nous avions déjà vu à Samarie les restes d'une allée
semblable.

A Djérach, les colonnes du style corinthien, élégantes
et élancées, aux chapiteaux finement sculptés, forment
une avenue incomparable; son seul aspect indique l'importance et la richesse que devait avoir une cité possédant

DJERACH : VUE SUR LES RUINES

une telle entrée. Presque toutes les colonnes sont encore
debout, continuant, à travers les siècles, à monter fière-
ment la garde devant les ruines qui furent des merveilles.

L'allée débouche sur le Forum, grande place publique
où avaient lieu les réunions politiques et commerciales
des citoyens; cette vaste enceinte, dont le pavé existe
encore en maints endroits, était entourée d'une colonnade
également corinthienne et dont une grande partie est
restée debout.

On passe devant un arc-de-triomphe qui est malheureusement presque tout écroulé, puis on monte la

colline à travers les énormes pierres des décombres, pour
atteindre le grand Temple qui dominait toute la ville.
L'ensemble de cet édifice est d'une grande noblesse; les
murs épais sont creusés de niches et de fenêtres; tout
autour s'élevait un riche péristyle double, dont les colonnes sont presque toutes écroulées et gisent sur le sol en
un amoncellement imposant.

Du devant de ce temple, le regard embrasse l'ensemble de toutes les ruines, et l'on peut, par la pensée,

DJERACH: TEMPLE DU SOLEIL

reconstituer cette grande cité qui s'étendait là, dans la
plaine, et relever ces magnifiques constructions, ces colonnes, ces temples, pour se faire une idée de ce que
devait être l'ancienne Gérasa.

A l'ouest du temple se trouve le grand théâtre, il est
en face de la ville, de sorte que les spectateurs des plus
hauts gradins avaient vue sur tous les principaux édifices.
Ce théâtre est plus petit que celui d'Ammân, mais plus
coquet et mieux conservé; il compte cependant 28 rangs
de sièges, soit un espace pour cinq mille spectateurs.

DJERACH: LE FORUM

On gagne de nouveau l'avenue des colonnes qui conduit aux autres monuments de la ville.

Voici le temple de Baal ou temple du soleil; il occupe le haut d'une assez grande terrasse. L'intérieur est en ruines et plein de décombres, mais les murs sont encore debout des trois côtés. On montait par des degrés au portique qui se composait de trois rangs de colonnes corinthiennes; celles qui restent sont les plus grandes de

DJERACH: RUINES DU PALAIS

Djérach; renflées au milieu, elles sont d'une élégance sans égale et les feuilles d'acanthe des chapiteaux sont extrêmement belles. Ce temple s'élevait au milieu d'une vaste cour entourée elle-même de magnifiques colonnes.

Un peu au nord se trouve un second théâtre, plus petit que l'autre, mais dont la scène est plus grande; d'après sa disposition ce devait être ici le cirque destiné aux combats des animaux et de gladiateurs. Ce théâtre était relié à la rue principale par une petite avenue bordée aussi de colonnes.

Au fond d'une dépression de terrain, on a découvert, il y a quelques années, des ruines ravissantes qui appartenaient probablement à un palais maintenant disparu. La grande porte est flanquée de deux niches aux frontons richement ornés; nous en admirons le travail et le dessin dont on n'a jamais retrouvé nulle part de reproduction.

Puis ce sont les ruines grandioses de propylées; des amoncellements de pierres portant, de ci, de là, des ins-

NAIMEH: LE CHEIKH

criptions grecques ou romaines; encore une construction genre arabe, celle-ci; enfin, nous nous arrêtons devant un tétrapyle à l'intersection des rues et jetons un coup d'œil en arrière sur ce chaos de blocs de pierre, sur ces débris de colonnades, sur ces constructions à moitié écroulées et d'où s'élèvent encore tant de colonnes, tant de vestiges que le temps a épargnés comme pour laisser des témoins vivants des merveilles du passé.

DJERACH: GROUPE DE COLONNES

De DJÉRACH à EL-HOESN,
18 février.

Le chemin est très pittoresque jusqu'à Naïmeh, où nous faisons halte.

A peine avons-nous fini de dîner que le Cheikh, homme très sympathique, vient nous inviter à aller prendre une tasse de café chez lui. La maison se compose d'une pièce très propre dont le plancher est couvert de tapis. Nous nous asseyons par terre et buvons tous dans la même tasse un café vraiment exquis.

NAIMEH: LES FILLES DU CHEIKH

Ils sont très doux et très simples, les habitants de Naïmeh; le mot ''bakchich'', qui, en Egypte et en Palestine, a si souvent retenti à nos oreilles, est tout à fait inconnu ici, en Arabie, où la race est plus fière. Chez nous, quand on fait une visite, la politesse exige que les hommes, du moins, se découvrent; ici, c'est le contraire, on reste la tête couverte, mais on doit ôter ses chaussures. En qualité d'étrangers nous gardons les nôtres, mais nous avons bien soin de ne pas laisser voir la semelle de nos

souliers, ce qui est considéré comme une grave impoli-
tesse.

Les deux filles du cheikh sont là, qui nous servent
le café; comme elles ne sont pas voilées nous pouvons

NAIMEH: JEUNE BÉDOUIN

admirer leur visage qui est d'une beauté rare et parfaite,
l'aînée surtout avec ses grands yeux bleus effarouchés est
remarquable. Sur nos instances, le père consent à ce

que nous les tirions en photographie, mais à la condition qu'on le fasse sans être vus des gens du pays, la photographie n'étant pas facilement admise parmi eux. Malheureusement ces jeunes filles sont terriblement timides et c'est à peine si on peut leur faire lever les yeux. Nous remarquons la façon gracieuse qu'elles ont pour saluer un visiteur: elles lui prennent la main, la baisent, puis la portent à leur front en signe de soumission.

NAIMEH : JEUNES BÉDOUINS

Mais il faut prendre congé de l'aimable cheikh et de ses filles. Au moment où papa serre la main du cheikh, celui-ci fait dire par l'interprète: "Si Votre Excellence a été satisfaite de la façon dont nous l'avons reçue, j'espère que lorsqu'elle viendra conquérir ce pays, elle s'en souviendra et m'épargnera moi et les miens." Nous restons stupéfaits! Voilà donc l'idée que se font ces gens sur le destin qui les attend: ils pensent qu'ils doivent fatalement tomber au pouvoir de l'Europe; et en nous, simples visiteurs, ils voient les envahisseurs de demain.

En attendant que nous soyons devenus de redoutables conquérants, nous remontons sur nos chevaux, sans autre souci que celui de la pluie, car elle nous a surpris avant le déjeuner; mais le temps s'est déjà remis au beau. Nous galopons avec entrain et vers cinq heures du soir, nous apercevons au loin nos tentes, groupées à l'entrée du gentil village d'El-Hoesn. Les habitants, que notre installation intéresse beaucoup, sont accroupis en rond tout autour de Sommerville et nous dévorent des yeux. Les deux tiers, femmes et enfants, sont catholiques, car c'est ici le siège d'une mission florissante.

Voici une belle église tout auprès du camp; le Père directeur de la mission est un Hollandais, encore jeune, fort intelligent et instruit. Il vient nous voir et prendre le thé avec nous; papa l'invite même à dîner et, long-temps dans la nuit, ils restent à faire une conversation fort intéressante. Le Père connaît à fond le pays et les différentes religions de ces peuplades syriennes.

Quel mérite a cet homme si instruit d'avoir quitté l'Europe pour venir vivre dans un tel pays, au milieu de ce peuple sauvage. Mais sa plus belle récompense est de voir son œuvre réussir et prospérer: il a créé ici un centre catholique qui va s'élargissant, transformant et ré-générant les mœurs; c'est lui qui a dirigé et rendu possible la construction d'un presbytère et de l'église. Nous allons les visiter avec lui et nous admirons la façon dont cet homme a su se faire aimer et respecter parmi ces indi-gènes. Tous, même les non-convertis, viennent lui baiser les mains; un vieux patriarche à barbe blanche, type pur de la race, s'avance aussi pour lui donner la même marque de respect.

EL-HOESN : LA MISSION

De EL-HOESN à DÉRAT,
19 février.

Nous avons vraiment de la chance de nous trouver juste un dimanche dans un des rares villages catholiques de la région. Nous allons donc entendre la messe du Père hollandais à l'église de la mission et nous n'oublierons jamais cette messe, pendant laquelle les enfants in-

EL-HOESN: INDIGÈNES CATHOLIQUES

digènes, élevés par les sœurs indigènes, chantaient des cantiques sur un ton étrange.

Au sortir de l'église nous allons visiter le couvent des religieuses de Saint-Joseph. Celles-là aussi ont bien du mérite, consacrant leur vie à l'éducation d'enfants à demi-sauvages. Elles obtiennent des résultats surprenants et abolissent peu à peu les coutumes barbares du pays; elles font la guerre à cette habitude de tatouage que les femmes pratiquent toutes ici; des figures fines et régulières complètement couvertes des dessins bleutés du tatouage, c'est vraiment grand dommage. Avec le temps le christianisme pénètrera, peut-être, parmi toutes ces populations; mais c'est surtout chez les enfants qu'il faut commencer à inculquer des idées nouvelles, car un Musulman se convertit très rarement au christianisme; il en aurait envie, que les difficultés qui l'attendent le retiendraient. Le prêtre hollandais nous disait cela hier et il ajoutait que, depuis douze ans qu'il dirige la mission, il n'a vu qu'un cas de conversion. C'était un

EL-HOESN: LE MISSIONNAIRE

homme du pays et le malheureux a dû quitter son village et s'exiler, la vie lui étant devenue impossible; sa famille même ne voulait plus le voir et on le huait dans les rues.

Le village d'El-Hoesn est à peu près libre; les habitants obéissent au chef des Bédouins et ne payent qu'une légère redevance au gouvernement turc; ils travaillent tous en commun et n'ont pas de propriétés exclusives. Toute la plaine d'alentour est cultivée par eux; nous la traversons en continuant notre voyage; il y a d'immenses champs de blé encore vert.

Rametha, le hameau près duquel nous campons pour
déjeuner, est assez important; mais les abords sont absolument dégoûtants. On rencontre une quantité d'ani-

EL-HOESN: VIEILLARD INDIGÈNE

maux morts: chameaux, ânes, chèvres, à demi mangés
par les chiens; et de tous côtés des carcasses et des
ossements.

Vers quatre heures et demie, nous atteignons Dérat ou Edra. Aussitôt la place de la Constitution est envahie par le chef de la gendarmerie et sa troupe; il vient visiter nos passeports, demander nos noms, notre nationalité, etc. . . . Nos noms courent le télégraphe; nous sommes signalés dans chaque ville avant notre arrivée; il paraît même qu'on nous considère comme suspects. On s'étonne que nous soyons de simples voyageurs en quête de choses

RAMETHA : GROUPE DE BÉDOUINES

curieuses et nouvelles; on nous prend sans doute pour des gens puissants, venant en reconnaissance dans le pays avec quelque projet secret. Le bruit court parmi les indigènes que nos grosses caisses, contenant les provisions et les eaux minérales, sont chargées de pièces d'or, et on nous regarde, et on nous étudie tout en faisant des réflexions que nous ne comprenons pas.

Il y a une dizaine d'années, des touristes anglais ont soulevé les Druses contre les Turcs et depuis ce temps, ceux-ci sont devenus très défiants. Or, nous nous dirigeons maintenant en plein pays de Druses; jamais n'a passé par ici une caravane si bien montée; tout cela éveille les soupçons. Pour comble, papa, ne se doutant de rien, a posé au chef des gendarmes plusieurs questions par rapport aux Druses, et nous savons plus tard que ce seul fait les a vivement inquiétés. Ils sont allés trouver Sélim, notre drogman, pour s'informer sur nos intentions, sur les raisons qui nous amenaient dans ces pays lointains, et pour savoir si nous nous proposions de faire une visite

DÉRAT: LE CAMPEMENT

au roi des Druses, leur plus grand ennemi. Il faut avouer que c'est drôle d'être ainsi tenus pour suspects.

Le soir, malgré le froid très vif, nous restons en dehors des tentes, à regarder une éclipse partielle de la lune qui se voit avec une netteté admirable.

De DÉRAT ou EDRA à GHASM,
20 février.

En partant, nous jetons un dernier coup d'œil sur Edra, curieux à ce point de vue, que c'est un des rares

villages troglodytes encore existants: il y a ici quatre
villages superposés et les maisons placées sous terre sont
encore habitées. Rien d'ailleurs n'en transparaît au dehors,
on ne se douterait pas de cette particularité; c'est un
village qui a l'aspect de tous les autres, mais il est très
vieux et tombe en ruines.

Nous traversons presque toute la plaine de Nukra;
immense étendue de terrain cultivé. Tout à coup nous

NOTRE ESCORTE DE CIRCASSIENS

voyons courir au loin quatre gracieux animaux: ce sont
des gazelles qui s'enfuient. Quel dommage que nous
ne puissions pas en attraper!

Nous déjeunons à Taïyibé. Puis, pour nous reposer
du cheval, nous faisons un bout de route à pied. Miss
Berthe, M. de la Huerta et nous, parcourons ainsi trois
milles et demi; nous sommes les marcheurs de la troupe,
les autres préférant s'en aller tranquillement sur leurs
canassons.

Nous avançons sans tourner la tête, pour ne pas voir les signes de détresse que nous fait Mademoiselle Jeanne : elle lève désespérément les bras au ciel pour que nous nous arrêtions, mais nous ne sommes pas fatigués. Pourtant les chevaux nous rattrapent et il faut se remettre en selle. Un peu plus loin, étant en avant, nous apercevons un chien étrange, assis sur son train de derrière et qui nous regarde fixement. Sélim, qui nous suit, nous crie

. . .

que c'est un chacal. Un des soldats de l'escorte lui envoie une balle et, au bruit de la détonation, le chacal bondit et se met à fuir. Le baron, Luiz et Sélim galopent après lui, ils l'atteignent même, mais comme l'unique chasseur armé se trouve être Luiz, nous continuons notre route un moment interrompue, sans attendre le résultat facile à prévoir.

Nous sommes depuis hier dans le Haouran, province principale de l'Arabie. Il est divisé en trois parties : 1^{ment}, le Nukra ou plaine, dont le sol fertile et bien cultivé produit du grain en abondance ; 2^{ement} le Jebel-el-Druses ou montagne habitée par les Druses ; 3^{ement}, le Lejah ou pla-

LA TENTE DE PAPA

teau sauvage recouvert en entier de lave. Dans ce dernier district, il y a, dit-on, de nombreuses cavernes où se cachent les malfaiteurs et les voleurs ; heureusement que

nous avons une bonne escorte pour nous aventurer de
ces côtés. Notre route doit nous conduire à travers le
Nukra où nous sommes déjà, puis le Jebel-el-Druses et
enfin le Léjah.

De GHASM à BOSRA, 21 février.

L'étape aujourd'hui est courte : deux heures de cheval
et nous arrivons devant Bosra. A la distance de quelques

DANS LA PLAINE DE NUKRA

kilomètres, il semble qu'on va entrer dans une grande
ville fortifiée, mais en approchant on constate qu'en fait
de cité importante il y a, à gauche, un château en ruines,
quelques colonnes debout, à droite, une demi-douzaine
de vieilles maisons à côté desquelles on voit surgir les
toits pointus et les drapeaux de notre campement.

Nous recevons la visite du cheikh, de ses deux fils
et du gouverneur-militaire qui nous invite à aller voir sa
femme. C'est là un grand honneur, mais il ne s'adresse
qu'à l'élément féminin de notre troupe.

18

La première curiosité de Bosra est le château dont les murs sombres, encore parfaitement conservés, se dressent devant nous. L'intérieur est un étrange assemblage de corridors, de cours, d'escaliers, de tours, de souterrains qui font penser à l'importance que devait avoir cette forteresse. Elle date du treizième siècle et fut occupée par les Sarrasins; maintenant elle sert de caserne à une garnison turque. Du haut des créneaux on a une vue très étendue; puis voici la partie principale: le théâtre au centre; on y voit encore de fort belles colonnes doriques; sur le mur court une jolie frise de pierre, et par endroits se trouvent des niches sculptées. C'est dommage qu'une construction bâtie par les Sarrasins enlève toute l'harmonie de ce lieu.

Dans un coin de la forteresse se trouve l'habitation du gouverneur militaire qui nous accompagne. Il renouvelle son invitation et charge le frère de sa femme de nous conduire auprès d'elle; comme ils sont Turcs musulmans, les hommes ne peuvent venir avec nous. Un escalier étroit conduit à une cour supérieure sur laquelle ouvre l'appartement. La jeune femme vient nous recevoir à la porte en nous saluant à l'orientale. Elle a l'air très jeune, vêtue d'une longue tunique bleue serrée à la taille par une ceinture blanche, elle porte, en dessous, une culotte bouffante comme l'exige le costume turc, et aux pieds des petites babouches rouges aux bouts retroussés. Elle n'est pas voilée et ses cheveux noirs descendent en deux longues tresses sur son dos.

On nous fait entrer au salon où nous nous asseyons sur des divans. La maîtresse de maison n'a pas l'air emprunté, elle soulève la mousseline brodée d'or qui recouvre deux berceaux, dans lesquels dorment ses deux

BOSRA: LA FORTERESSE

bébés. Puis elle allume une cigarette et nous conversons par signes, notre interprète n'ayant pas pu pénétrer ici avec nous. Une bonne apporte un plateau avec des verres pleins d'un excellent thé et bientôt nous prenons congé de la femme du gouverneur qui veut absolument nous accompagner. Au moment où elle traversait la cour, voilà qu'apparaît un soldat et aussitôt le mari, qui venait nous rejoindre, d'un signe impérieux intime à sa femme l'ordre

BOSRA: LES AUTORITÉS

de rentrer, de peur qu'un homme l'aperçût sans voile ... Voilà donc le régime sous lequel vivent ces pauvres musulmanes: ne jamais sortir, ne jamais être en relations avec la vie extérieure. C'est une existence que nos mœurs européennes ne peuvent concevoir! ... et pourtant sont-elles réellement malheureuses? Faut-il vraiment les plaindre?

Nous continuons la tournée par la visite de la Mosquée. Abandonnée aujourd'hui, on attribue sa fondation à Omar.

Les arcades reposent sur des colonnes de marbre, plusieurs desquelles sont monolithes. Quelques-unes portent des inscriptions grecques dont une se traduit par ces mots: "Ce temple est dédié au Christ notre Sauveur." Ceci daterait sans doute du temps où la Mosquée était un temple chrétien, la cathédrale de Bosra. Au fond de la cour, il y a un minaret dont il vaut la peine de faire l'ascension à cause de la vue qu'on découvre du sommet.

BOSRA: DES COLONNES

Nous passons devant les ruines d'un arc de triomphe; puis au point d'intersection de deux rues s'élèvent quatre grandes colonnes corinthiennes, et, à côté, un élégant portail au fronton finement travaillé et reposant sur une base en marbre blanc. Ce sont là des restes d'édifices importants et sans doute magnifiques. Au nord de la ville est située la mosquée d'El-Mébrak; on nous y montre un bloc de dolérite portant l'empreintre de deux genoux de chameau. Deux légendes sont attachées à ces marques:

l'une dit que ce sont les traces des pieds du chameau qui portait le Coran; l'autre prétend que Mahomet passant par là, sa chamelle s'agenouilla en cet endroit.

Une autre mosquée est bâtie sur l'emplacement de la maison de Bahîra, ce moine, compagnon de Mahomet, qui dressa avec lui les plans et les bases de sa religion et lui aida à écrire le Coran. Cet homme mourut dans une aventure tragique. Une certaine nuit, pendant laquelle Mahomet et ses disciples s'étaient enivrés, ces derniers se souvinrent d'avoir vu, le matin, le grand Prophète baiser la main de Bahîra. Par jalousie, ils jurèrent la mort de ce dernier. Ils prirent à cet effet l'épée de Mahomet, sans être vus de celui-ci, et tuèrent le moine; puis, le crime commis, ils remirent, sans l'essuyer, l'épée dans son fourreau. Le lendemain, Mahomet, en découvrant la mort de son ami, jura de trancher la tête du criminel; sur son ordre, toutes les epées furent mises à nu et il put constater que c'était la sienne qui portait les traces de sang. Alors il comprit l'horrible complot qu'on avait tramé à son insu sous l'influence de l'ivresse, et, effrayé devant de si terribles conséquences, il interdit l'usage des boissons alcooliques à tous les Musulmans. Cette loi est une des plus strictes de leur religion.

La porte de la Mosquée est très curieuse: faite d'un seul bloc de pierre, elle tourne sur des gonds en pierre aussi; de façon que, lorsqu'elle est fermée, on ne voit aucune trace d'ouverture. Ce système est encore appliqué dans quelques maisons arabes et chez les Druses.

Le soir, nous avons un dîner très animé. Nos invités sont: Bosra eski Scham Mansour effendi El Chalul, Cheikh de la tribu de Makdad; puis ses deux fils et Muhié Edien effendi, lieutenant d'infanterie turque et gouverneur de la place.

بعد انتى شيتم منصورلفض الخليل

شيخ خيربه المقداد

Bosra eshi scham Mansour Effendi El Chalul
Cheikh de la tribu de Makdad

محىدىيه اق محدثمنث نظايه ينب زقه ط هو كك

Muhie edien Effendi Lieutenant d'Infanterie 2ème Régiment No. 39.

محمد يه منصورةقضيحلىل المقداد

Mohamed Mansour Effendi El Chalul El Makdad.

عبدالحميد يه منصورانضالجليل المقداد

Abul Hamied Mansour Effendi El Chalul El Makdad.

Il faut dire que papa a des idées comme personne;
ne s'imagine-t-il pas de venir dîner avec son tarbouche
sur la tête! Nous sommes obligées de nous sauver pour
ne pas éclater de rire en pleine table. Depuis qu'il fré-
quente les cheikhs, il a attrapé leurs manières de parler
et leurs gestes. Au milieu d'une phrase il introduit, très
à propos, des "inchallâh et des malech", le tout avec un
sérieux impertubable qui nous amuse fort.

Comme tous les Bédouins, le fils aîné du cheikh,
très élégant dans son genre, rehausse l'éclat de ses beaux
yeux noirs avec de l'antimoine. La partie masculine de
notre troupe se met dans l'idée d'en faire autant. Les

BOSRA : LES RUINES

voilà donc tous, le petit crayon d'ébène enduit d'antimoine à la main, passant et repassant la précieuse poudre

BOSRA: LE PORTIQUE

à l'intérieur des paupières. Le résultat est désastreux!
Si désastreux même, qu'à peine les invités ont-ils tourné

les talons, que les trois victimes de cette extravagante
coquetterie se précipitent dans leurs tentes pour essayer
d'enlever l'horrible maquillage. Mais il tient bon, et il
faut se résigner pour plusieurs jours à garder les yeux

KHARABA: DEUX JOLIES BÉDOUINES

dans cet état. On doit croire que c'est une recette appli-
cable seulement aux yeux des Bédouins; elle embellit
certainement leur regard, mais gâte celui des Européens.

Des soldats, mis à notre disposition par le gouverneur militaire, nous ont gardés toute la nuit. Après avoir pris congé du cheikh, de ses enfants et du gouverneur, nous montons à cheval et traversons le village. Le chemin est bien mauvais; depuis trois jours nous suivons de vieilles voies romaines hérissées de pierres et de gros

AIRÉ: LE CAMPEMENT

blocs de granit. C'est toujours en plaine, cette immense plaine de Nukra, très fertile et qui semble ne jamais finir. Au fond se dresse, dans une silhouette nette et imposante, le grand Hermon tout couvert de neige; il prend, suivant les heures de la journée, des teintes différentes. On le voit de partout, c'est notre compagnon de route.

A Kharaba, où nous déjeunons, nous recevons la visite du cheikh, du Pope et de toute la population. Luiz prend la photographie de quelques belles Bédouines. On rencontre ici, aussi bien parmi les hommes que parmi les femmes, de forts beaux types, une finesse de traits et un grand air de distinction.

De nouveau à cheval jusqu'à quatre heures et nous voici à Aïré. C'est le premier village de Druses que nous

L'EMIR YEHUA BEY ET SON NEVEU

rencontrons, et c'est le plus important puisqu'il est le lieu de résidence du grand chef de cette secte.

Les Druses font un peuple à part parmi les Arabes et les Turcs. Leur religion est entourée du plus profond

mystère. Personne ne la connaît réellement. Quelques
explorateurs, qui ont passé par ici, se vantent d'avoir pu

AIRE: LA MAISON DE L'EMIR

pénétrer dans le secret, mais les Druses sont très fins
et se moquent des voyageurs en leur racontant des histoires
fausses. En tout cas, la secte se divise en deux groupes:

les "Ignorants", reconnaissables au gland qu'ils portent à leur tarbouche, et les "Sages". Ces derniers seuls connaissent à fond leur religion. Dans leur "Khalweh" ou temple, vient un moment, dans les réunions, où les femmes et les jeunes gens doivent se retirer, les Sages seuls étant admis comme initiés. Il paraît qu'entre eux ils usent de signes conventionnels comme les francs-maçons; d'ailleurs, certains savants prétendent que la religion druse à des rapports avec la franc-maçonnerie. Les Druses forment un gouvernement tout à fait indépendant en Turquie. Ils haïssent les Turcs et ont pour cela de bonnes raisons; sans cesse ils sont en querelle ou en guerre contre la Sublime Porte, qui les harcèle tout en les redoutant.

L'Emir Yehua Bey, grand cheikh, et par là roi de tous les Druses, vient nous visiter et accepte de dîner avec nous. Il a un air triste qui étonne dans un homme encore jeune, mais qu'on s'explique lorsqu'on connaît un peu sa vie. Il y a huit ans, lors de la grande révolte contre les Turcs, il est resté quatre ans en prison à Constantinople, un boulet énorme du soixante kilogs attaché aux pieds. Tous ses fils, presque tous ses parents sont morts en se battant, et il y a une dizaine de jours que son frère, alors roi des Druses, est décédé, le laissant comme successeur. C'est une lourde responsabilité, la charge de cheikh ici n'est pas légère: il doit défendre contre les Turcs, rien que dans le Haouran, les intérêts de deux cent mille Druses, sans compter ceux des Monts Liban et Carmel.

Dès qu'il a fait un peu connaissance avec nous, Yehua Bey nous demande si nous avons des nouvelles de la révolte des Egyptiens contre les Anglais: le bruit court que la mère du Khédive est morte et qu'on a demandé

à Lord Cromer l'autorisation d'enterrer la défunte dans
la Citadelle . . . cela aurait donné lieu à une provocation
de la part du Khédive. Mais c'est une rumeur sans fonde-
ment à laquelle nous n'attachons aucune importance.

Au dîner, quoique les Druses aient l'obligation de ne
pas boire de vin, l'Emir (c'est-à-dire : prince) avale plusieurs
verres avec une satisfaction évidente, tout en disant que
c'est pour nous faire plaisir; le champagne surtout paraît
lui plaire particulièrement. En se retirant, il nous demande
de lui faire l'honneur d'aller déjeuner chez lui le lendemain et nous nous empressons d'accepter cette invitation.

Table des Matières
du premier volume